JN224289

スポーツと
スポーツ政策

スポーツの変容は
スポーツ政策に何を求めるのか

早稲田大学スポーツナレッジ研究会　編

創文企画

まえがき

「スポーツマネジメントの科学的知見を収集・整理し、その知識を現場へ還元する」ことを目的に 2011 年に発足した早稲田大学スポーツナレッジ研究所は、毎年スポーツに関するテーマを設定し、研究会を行い、書籍を刊行してきた。

そのスポーツナレッジ研究所は 10 年間という所定の期間を終えて、2020 年に組織としては存在しなくなったが、スポーツナレッジ研究会として活動を継続している。スポーツナレッジ研究所がなくなった時に新型コロナウイルスの感染が拡大し、活動が停止した期間もあったが、公益財団法人笹川スポーツ財団の協力も得て、野球伝来 150 周年の 2022 年には「オールアバウト・ベースボール」というテーマで研究会を開催、3 年ぶりに書籍を出版した。

この研究会活動の継続は世話人である早稲田大学教授の武藤泰明の尽力によるところが大きいが、2 年間のブランクの間には東京オリンピック・パラリンピックが行われ、国内外でのトップアスリートの活躍も目立った。

ポストオリパラ、ポストコロナの 2023 年度の研究テーマとして武藤が提案したのが「あさってのスポーツ政策」である。スポーツ界が様々な問題を抱えていることは事実であるが、2021 年のオリンピック・パラリンピックに先立って 2019 年にはラグビーワールドカップも開催し、メガスポーツイベントの開催は一段落し、いわゆる踊り場にあると言ってよいだろう。このステージであえて明日ではなく「あさって」のスポーツ政策を議論しようではないか、という武藤の見識は正鵠を射たものであった。

その「あさってのスポーツ政策」というテーマで 8 回にわたり開催された研究会の集大成が本書である。研究会を進めていく中で「あさってのスポーツ政策」は「スポーツの変化」を認識したうえでどのように今後のスポーツ政策に反映していくことに他ならないと認識を新たにし、書籍名が「スポーツとスポーツ政策」に落ち着いた次第である。

本書の構成は以下のとおりである。まず研究会のメンバーであり、元 NFL JAPAN 代表の町田光は「スポーツは勇気を与える」というテーマでスポーツの存在価値に対して問題を提起した。続いてスポーツライターの藤島大は、自身のコーチ経験をもとにスポーツの目的である勝利を追求する姿にスポットライトを

当てた。勝利至上主義、ビジネスの世界であれば利益至上主義に対する安易な批判に対する強烈なメッセージである。

　この2人の論考を受けて展開されるのがスポーツにおいてOS（オペレーティングシステム）ともいえるスポーツを行う場についての3人のメンバーの研究と経験の結晶である。早稲田大学教授の中澤篤史は部活動の研究者として、その歴史、課題を丁寧に論理展開し、今後の部活動の姿への提言をしている。続く石井昌幸は早稲田大学の教授にして競技スポーツセンター所長、いわゆる大学の体育会のトップとしての活動から大学スポーツの現状と課題、そして進むべき道を示唆している。大妻女子大学教授の井上俊也は企業スポーツを「する」「支える」「見る」という自身の経験からその変化と限界を論じている。

　スポーツ取材の変化を論じたのが日本経済新聞の総合解説センター編集委員の武智幸徳である。身体運動であるスポーツを取材するだけではなく、日本経済新聞という媒体の特徴を生かし、ビジネスとしてのスポーツを取材したことに注目してほしい。ビジネスとしてのスポーツという観点から研究会メンバーの早稲田大学スポーツビジネス研究所の西崎信男は英国のプロサッカークラブの資金調達の最新の動きをまとめている。スポーツに資金は必要という認識は人口に膾炙しているが、その手法、可能性について具体的に展開しているものは決して多くはない。

　そしてスポーツで得られた知見をビジネスに活かしていこうというのが武藤の主張である。スポーツがビジネスになる過程の中で、スポーツはビジネスの知見を取り入れてきた。次はスポーツがビジネスの世界にその果実を与える番である。

　最後はメンバー2人によるタイムリーな話題で締めくくりたい。桜美林大学教授の小林至のテーマはスポーツベッティング、欧米では大きな産業となり、これをゲートウェーとして多くの人たちがスポーツに関心を持っているということは否定できない事実である。単純にギャンブル反対と一蹴できないテーマである。大トリを務めた尚美学園大学の佐野慎輔はオリンピックを取り上げている。日本人にとっては過去のものとなった感のあるオリンピックの動きについて再び目を開かせてくれる。

　なお、貴重な時間を割いて研究会で報告をしていただきながら、原稿執筆に至らなかったのが参議院議員の青島健太と元Jリーグ理事の傍士銑太の2人である。しかし、2人の報告が他の報告者や執筆者に大きな影響を与えたことは強調しておきたい。

　様々な観点からスポーツを論じ、スポーツ政策を提言している本書であるが、読者の方のスポーツに対する考え方、接し方に何らかの変化があれば、望外の喜びである。

　最後に、本研究会の運営に多大なご協力をいただいた公益財団法人笹川スポーツ財団の皆様、本書の刊行に当たって格別の配慮を賜った創文企画の皆様に、あらためて感謝をしたい。（文中敬称略）

2023年度スポーツナレッジ研究会幹事　井上俊也

スポーツとスポーツ政策

スポーツの変容はスポーツ政策に何を求めるのか

CONTENTS

「スポーツは人々に『勇気』を与える」とは何か
―人・社会・世界・文化、そしてスポーツ―

町田　光
早稲田大学

1. はじめに

　まず、最初に告白しておきたいのだが、私は「スポーツは人々に勇気を与える」という言葉に、強烈な違和感を覚える。率直に言えば嫌いである。この言葉を耳にするたびに、私の中に恥ずかしさと同時に、何か怒りのようなものが沸き起こり、次第に嫌悪感が高まってくるのである。そのうちに、自分がこんな言葉で彩られているスポーツという存在に携わっている事自体が嫌になり、最後は自分自身に悪態をつきたくなってくるのだ。

　私の印象ではこの言葉は 1990 年代中頃から広がり始め、特に 2013 年の東日本大震災以降から頻繁に使用されるようになったと記憶する。今ではアスリートやスポーツ関係者、そしてメディアなどが日常的に使う、スポーツが人々に提供する価値に関する象徴的な常套句として定着しているようだ。たぶんスポーツが持つ力強さ、躍動感などの印象、そこに生まれる感覚や感情を、多くの人々と共感、共有できる言葉として、広く使用されるようになったのだろう。

　しかし私は、そのことが嫌なのだ。このように誰もが善意であることを前提とし、批判することが躊躇われるような、いわゆる「ポジティブ用語」とはるべく距離を置きたい、とずっと思って生きてきた、捻くれた人間だからだ。

　ところで今回の研究会のテーマは「スポーツとスポーツ政策／スポーツの変化はスポーツ政策に何を求めるのだろう」である。政策をテーマに据える、という事は、スポーツを社会的な存在として捉える、謂い方を変えれば、スポーツを人

や社会との関係性の中で捉えるという事になるだろう。そうであれば、そこには当然スポーツと人と社会、それぞれに対する個々人の問題意識や価値判断が問われることになるのではないだろうか。

なぜかというと、私には現在の日本のスポーツ政策は、スポーツは良いものである、という前提、固定概念の上に立っており、そのようなものが政策と呼ばれていること自体、日本のスポーツの大問題であると考えているからである。

現在のスポーツ政策の基礎となっているのはスポーツ基本法だと思うが、これこそ正にポジティブ用語のオンパレードである。しかしスポーツ選手によるセクハラ、パワハラ、暴力などの事件は既に常態化しているし、長期にわたって世間を騒がせた日大のアメフト事件や、2021 年東京五輪のスポンサー契約に於ける不正事件等、スポーツが良いものであるという価値観は、実は国民の間では十二分に相対化されているのではないか。少なくとも人々のスポーツに対する視線は好悪含め、揺れ動いていると捉えるべきだろう。

だからこそ「スポーツの変化はスポーツ政策に何を求めるのだろう」という副題が重要な意味を持つのではないか。そして私はこの副題の意味をより明確にするために、この言葉の冒頭に「日本社会の急速な変化が齎す」という言葉を付け加えたいのだ。つまり、日本社会（と日本人）の変化が、日本（人）のスポーツに対する欲望や認識に大きな変化を齎している。そこに於けるスポーツは、そしてスポーツ政策とはどうあるべきなのか、と考えることが、現在必要なのではないだろうか。

今回は、改めて現代社会の課題は何か、そこに生きる人々の生活や欲望はどのようなものなのか、その中におけるスポーツの意味や存在価値とは何なのか、という事について、思いきり大きく視野を採り、根本的部分から考えてみたい。

2.　問題意識

早稲田大学スポーツナレッジ研究会が編纂するこの書籍シリーズの中で、2018 年に発行された「スポーツ・エクセレンス＝スポーツ分野における成功事例」に於いて、私は世界で最も成功しているスポーツリーグである NFL（National Football League）の中興の祖と言われる前コミッショナー、ポール・タグリアブーの「スポーツ経営の特質は missionary な性格を持つ art である」という印象深い言葉を紹介した。

　そして私は「確かにスポーツ経営には、伝道や布教の性格が、その奥深いところにあるように感じる」と書いた上で、「人間がスポーツを求める根源には、他の一般的な消費財を求める心理とは異なる、はるかに高次の存在、あえて言葉にすれば、『光や力や愛への希求』が存在するのではないか」と書き、以下のように述べた。

　　フロイトは人間の根源的な欲望をエロス（生）とタナトス（死）としているが、人間が現実社会において抑圧されている様々な欲望を、芸術活動やスポーツなどの社会的なコミュニケーションの形に転換して表出しようとするとして、それを「昇華」と呼んでいる。私の言う「光や力や愛への希求」とはこの昇華の事なのである。（中略）
　　スポーツファンはスーパープレーに「奇跡」、「神憑り」、「後光がさす」、と言い、「血沸き肉躍る」熱狂でスタジアムを「非日常の祭典」に変貌させ、そこを「聖地」と呼ぶ。
　　スポーツは人間をどこか遥か遠くの「場」に一気に連れ去り、そこにある「何か大いなるもの」と繋がり、抱かれているような感覚を齎す。

　そしてこの文章の終わりに、こう記した。

　　スポーツとは「社会」を生きる人々に、その外側に広がる「世界」の存在を知らしめ、そこに人間の源と現在、そして未来があることを、その肉体と精神に刻印する装置である。

　この最後の2行はほとんど直感で、しかも格好つけて書いたつもりなのだが、人間にとって、スポーツの究極の価値とは何か、という問いについて、その時は確かに何かを掴み取ったような気がしたのだ。
　それからの私は、その「何か」を探りあて、理解し、回答を握りしめ、言語化したくてたまらず、社会学、宗教学、人類学、哲学、美学など、興味の向くまま、芋蔓式に雑多な書物に当たってみた。すると、スポーツについて、人や社会について、それまで私が考えもしなかった新たな見方や考え方が、次々と現れてきたのだ。そして「スポーツは勇気を与える」という言葉に対しても、かなり対象化することができた。同時にそうだからこそ、この言葉では、スポーツが持つ意味

や価値を、十分に表現できていない、と考えるようになったのだ。

　正直のところ私の頭の中は現在も生煮えの混乱状態が続き、整理が追い付いていない。しかしこの機会に人間と社会とスポーツとの関係について、また「勇気」という言葉が示すものについて、現在私が考えている仮説を、「社会」と「世界」、「アミニズム」と「文化」をキーワードにしながら述べてみたいと思う。

3. 「社会」と「世界」

　図1は、「社会」の外側に「世界」があることを示したものである。

　社会とは、複数の人びとが持続的に暮らすことを可能にするために、人為的に構築した共同の空間である。基礎的なインフラや、法律、政治、行政、金融、経済等、人間の集団が生活を維持・継続するために必要不可欠な存在の、複合的なプラットホームである。

「社会」は姿・形があるものとして知覚することはできないが、人間にとって「あらゆる事柄の大前提」であり、同時に「結果」であり、言わば、人間の営みの全てを包括する、巨大な装置として、全ての人が、常に強く意識する存在である。

　しかしその「社会」の外側には、社会よりもはるかに広く、大きな、「世界」が広がっているのである。

　西洋哲学の起源と呼ばれるギリシャ哲学に、ノモス（nomos）とピシュス（physis）という概念がある。ノモスとは法律や政治、慣習、掟など、人為的な存在を指す。対してピシュスは、自然や宇宙を含む、森羅万象や万物と呼ばれるような普遍的存在であり、人間の主観や価値判断を越えた、永遠に真なるものを指している。

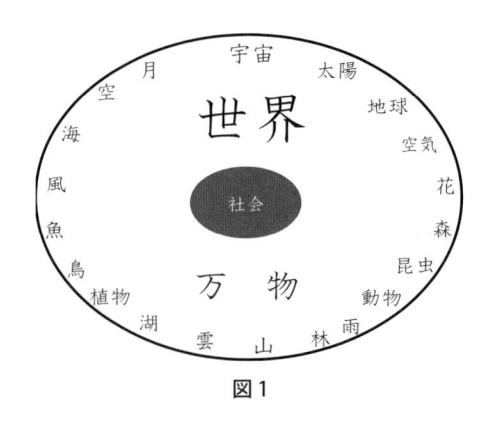

図1

　社会学者の宮台真司はこのノモスを「人間がコミュニケーション可能なものの全体＝『社会』」、そしてピシュスを「ありとあらゆる存在＝万物＝『世界』」としている。（この文章でも、より理解しやすいこの「社会―世界」という呼び方を使う。）

　ここで重要なのは、このピシュスとノモスの関係が「ピシュスの中に、ノモスがある」、であり、つまり「社会は、世界の一部分であり、全ては一体である」という事なのである。

　ところが 19 世紀になると「社会」の外に「世界」があると考えられるようになる。つまり我々は普段「社会」の中に閉ざされて生きている、だからその外側にある「世界」、つまり、動植物や雄大な自然、月や太陽など、広大な宇宙と向き合うことで、漸く解放される、と考えるのである。私が図 1 で示したのも、この観点である。しかしこれはギリシャ時代の人間から見ると頽落、つまり劣化であるとされるのである。宮台はこう述べている。

　　劣化する以前の人間は、「私自身も、万物の一つだ」という感性を共有していた。我々の身体も「万物的」なのであり、それは他の動物、植物、菌類などと同じように、遺伝子の複製によって個体も種も維持してきている。社会の外に自然があるとする発想はごく最近もので、人間の感受性の働きとしては劣化したものであり、社会の中に閉ざされることが当たり前になった人たちの感受性だということになる。

　突然「ピシュスとノモス」などという、あまり聞きなれない言葉が登場し、困惑した方もいるかもしれないが、図 1 も含め、ここまでのことは、案外多くの人々（特に日本人の）皮膚感覚として理解しやすいのではないだろうか。

4.「鉄の檻」に閉ざされ、劣化した現代の日本人

「鉄の檻」という言葉は、1920 年に発行された、マックス・ウェーバーの有名な著書、「プロテスタンティズムの倫理と資本主義の精神」の中に出てくる言葉であり、この本の重要なキーワードである。社会の近代化により、人間が合理性や、与えられた規範に閉じ込められていることの比喩である。つまり、社会に近代化を齎し、資本主義を推進する様々な制度や合理化が、社会の均質化や規格化

を招き、人間から自由や尊厳を奪い、人々を抑圧するようになる、という事を表現しているのである。

　私は今、まさに「鉄の檻」が強烈なリアリティを持って眼前の現実のものとなり、日本社会に重く圧し掛かり、人々の感情や思考や行動を著しく劣化させ、社会全体をアノミー化させ、日本を崩壊に向かわせていると感じているのだ。

　多くの識者が指摘している通り、1970年代まではいわゆる「日本的社会構造」がうまく機能し、経済は発展し、一億総中流社会と呼ばれるほどの豊さを獲得し、多くの人が幸せを感じることができた。それを可能にしたのが、小室直樹が1982年に発表した「危機の構造―日本社会の崩壊モデル」の中で批判的に指摘した、「（日本においては）機能集団が、同時に生活共同体である」という、日本社会の特殊な構造である。

　上に述べたように、本来、社会とは人間が共同生活を可能にするために、意図を持って構築した機能的な存在である。問題や課題があれば正当なプロセスを通じて変えてゆくことができるし、変えなければならない。社会はそのようにして強化され、安定し、更に進化できる。

　しかし社会を生活共同体と捉える日本では、「共同体の構成員は外部への関心を喪失し、内部のみに集中する。共同体は各成員の全人格を吸収しつくし、独自のサブカルチャーを深化させ、彼らのパーソナリティまでも再編する。こうして共同体組織は天然現象のごとく、所与された不動産のようなものになり、そこに於ける規範、慣行、前例は意識的改正の対象にはならず、無批判の遵守が要求される。」「それはいわば中世的共同体である。」と小室は述べている。

　本質を突いたリアリティのある言葉ではないか。そしてこれが意味することは、日本が現在に至るまで、とうとう近代化を果たせなかった、という事なのではないか。

　近代化とは、中世のキリスト教や王政などの伝統的権威による、抑圧的な統治を打ち倒し、民衆一人一人が理性を持ち、法の下の自立した個人として、能動的に社会に参加する、という事である。これついて、前出の宮台真司はこう述べている。

「日本人にはそもそも『社会』という概念がない。社会があるかどうかは、自分自身の所属集団（内集団）とは無関係な他人の所属集団（外集団）が多数あることを前提に、全ての集団の共通プラットホームである、コモンズ（共有財＝パブ

リック）に関わろうとする意欲（＝パブリックマインド）があるかどうかで決まる。しかし暴君の圧政などによる『悲劇の共有』や、それを前提とした『市民革命の記憶』の述べ伝えがない日本には、そういうものは存在し得ない。」としたうえで、更に以下のように続ける。

「嘗ての日本には『世間』が存在した。地域共同体があり、それに支えられて家族共同体も存在した。そこには『仲間』という感覚や、『掟』という作法などの『我々意識』が存在し、そこには利他的な感情が働いていた。それがパブリックの機能的等価物を提供した。」

なるほど、日本には社会はないが、世間があったのだ。昔は、世間体を気にする、という言葉が良く使われていて、私はそこにある抑圧的なニュアンスが大嫌いだったが、それによって日本（人）はバラバラにならなかったのかもしれない。日本人にとって、世間とは知恵だった、ともいえる。パブリックはない、また自立した個人も存在しないが、世間や仲間が見ているから、仕事は一生懸命、真面目にする。そして経済は成長した、という事かもしれない。それが日本人にとっての共通の価値観、いや、それこそが、世間の常識だったのだろう。しかし今、世間という言葉はほとんど聞かれなくなった。つまり世間も消えたのだ。

社会も世間もない日本、それは「底が抜けた」という事ではないか。確かに今日の日本は、例を挙げて説明する必要がない（したくない）ほど、ありとあらゆるところで、想像もできないような形で、底が抜けているとしか言いようのない、無残な現象が起きている。そしてその沈みゆく船の中では、至る所で居場所の取り合いが繰り広げられているのだ。

述べるべきことはまだ多いが、この項はここまでにする。スポーツの話に行かなければならない。しかしその前に、前出のマックス・ウェーバーの著書の、有名なエンディングの言葉だけは紹介しておきたい。100年前の言葉であり、それは正に予言であったのだ。

こうした文化発展の最後に現れる末人たちにとっては、次の言葉が真理となるのではなかろうか。「精神の無い専門人、心情の無い享楽人。この無の者は、人間性のかつて達したことのない段階にまで、すでに上り詰めた、と己惚れるだろう。」

だから、心身を社会の外に開き、万物の一つとして、世界に抱かれる感覚を取り戻すのだ。

5. 人、アミニズム、文化、そしてスポーツ

(1) 動物から人間へ

　図2で示したのは、人、という存在と、人がこの世界に現れた当初から持っていたとされる、アミニズム（の感性）、それとスポーツを含む文化との関係について示したものである。

　まず、最初に、人間にとってスポーツとは何か、という巨大なテーマについて、故・日本体育大学大学院教授、稲垣正治氏が、ブログ（「スポーツ・遊び・からだ・人間」）の中に書かれたものを紹介したい。氏が残された膨大な文章の中から、氏の言葉をそのままお借りして、私が要約したものである。（なおこの文章は「ジョルジュ・バタイユの『宗教の理論』にインスパイヤーされて」の副題がついた部分をまとめたものである）。

　人間は「生きもの」であり、「命」をまっとうする存在である。その意味で、動物性の枠組みから抜け出すことは不可能なのだ。ヒトが人間になるとき、すなわち原初の理性が立ち上がるとき、いったいなにが起きたのか。ヒトが人間になるとはどういうことだったのか。

　そのとき、人間はなにを失い、なにを新たに獲得することになったのか。その失ったものの補填を原初の人間たちはどのようにしてクリアしようとしたのか。

　理性とは、ヒトが動物の世界から＜横滑り＞して、ヒトから人間になるとき

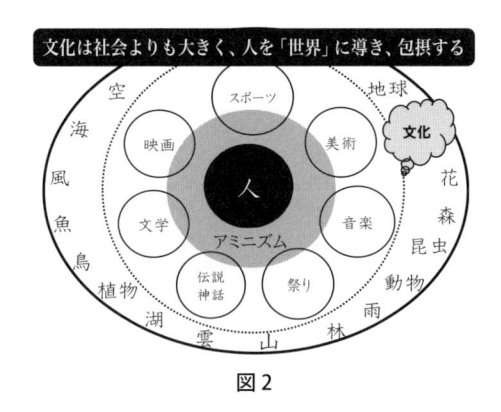

図2

に新たに獲得した能力のことである。したがって、理性を人間性と置き換えてもいいだろう。いうなれば，理性は最初から、動物性を抑圧し、排除・隠蔽する力として働いてきた。しかし，理性がどこまで頑張ってみたところで人間の内なる動物性を消し去ることはできない。したがって、「生きもの」としての人間に前提条件として備わる「動物性」と、後に獲得した「人間性」とを、どのように折り合いをつけて、その「生」を最大限に発露させるか、という大きなテーマがそこに立ち現れる。

スポーツは、いうなれば、その両者のはざまで揺れ動く、微妙な文化装置として登場したとも考えられる。だとしたら、「生きもの」としての人間にとってスポーツとはなにか、という根源的な問いがそこから立ち上がることになる。

幼い子どもが遊びに熱中したり、大人でも遊びに忘我没入する時、自他の区別がなくなっている。スポーツもまた、面白くなってくると我を忘れて夢中になっている。つまり、自他の垣根が取り払われて、他者と渾然一体となって溶け合ってしまう。

これらは自己を超えていく経験であり、「生」の全開状態、すなわち「恍惚」そのものである。この「恍惚」とは、人間が進化のプロセスの中で失い続けた「内在性」（自己の存在が他のものに制約されず、自己完結している状態＝著者注）への郷愁であり、渇望であり、希望なのである。

スポーツ、あるいはスポーツ的なるものが立ち現れる源泉はここにある、と私は考える。スポーツの中核には、このようなエクスターズ（恍惚）への強い欲望がまずあって、その周縁に様々な文化要素が付随して、それぞれの地域や時代に固有のスポーツ文化を生成してきた、と思われる。だとすれば，スポーツとは「動物性への回帰願望の表出」そのものではないか、ということになる。

いかがだろうか。人間にとって、スポーツとは何か、という根源的な問いに対する、極めて大胆な、しかし強い説得力のある回答ではないだろうか。少なくとも、私には決定的なものだった。もうこれで終わりにしたいほどなのだが…、論を進めてゆこう。

前・京都大学総長で霊長類学者の山極寿一によれば、人類はもともと、運動能力も繁殖能力も劣る劣性の種だったという。約700万年前、人類の祖先が2足歩行で熱帯雨林から草原へと進出したのも、人類が弱い種族だったために、縮小する森林に住み続けることができなかったからなのだ。そのような存在の人類は、

他の肉食動物に「狩られる」脅威から逃れ、身を守るために集団を作り、互いに助け合い、気持ちを理解するための共感力を高めた。そこでは歌や踊りなどの音楽的なコミュニケーションがその触媒となった、という。

このような弱い種である人類が、気が遠くなるほどの長い間、大自然の中でどう生き延びてきたのか、それはどの様なものだったのかについて、少し想像力を働かせてみる。

いつも突然に人間に襲い掛かり、ありとあらゆるものを破壊し、奪い尽くす自然災害。更に、未知の動物にいつ「狩られる」かも知れない、という恐怖と不安が目の前にある。しかし、その太陽や雨や、森や動植物などの自然こそが、自分たちの日々の暮らしと、命を繋ぐ、全てのものを与えてくれるのだ。自然が全てを奪い、全てを与え、また全てを奪いつくすのだ。

そのような生活を永遠のように続けているうちに、いつか人間の中に、「我々の周りには、誰も決して見ることも触れることもできない、また、それがなんであるかの認識もできないが、しかし確かに何か巨大な存在がそこにあり、我々は常にそれに囲まれ、見られている（＝見張られている・見守られている）」と感じるようになったのではないか。

このようにして原初の人間に、今では「アミニズム」と呼ばれる感性が宿るようになったのではないだろうか。

(2) アミニズム、宗教、そして文化

アミニズムとは何か、について調べてみると、多くのところで「万物に精霊が宿る」、という説明がされている。しかし近年、研究が進み、この見方は既に相対化されている。

フランスの人類学者、デスコラは南米のアシュアールという先住民の社会の研究を通してアニミズムを、人間（主体）と自然（対象）との間に「身体的（物質的）な非連続性」と「内面的（精神的）な連続性」を認める思考であると再定義した。つまり、動植物も人間と同じように喜怒哀楽などの感情や感覚を持っている。両者は身体性においては断絶しているが、内面性は共有されている。そのような思想がアニミズムだとデスコラは定義したのだ。現在ではこれがアミニズムの普遍的な定義とされているようだ。

この定義も、私を含め、多くの人の実感とも合致するのではないか。人が眼前に大きく広がる空や雄大な山を見た時、「私は何か大きなものに抱かれていると

感じ、森や林に分け入れば、「私の前に立つ木が、私を見ている」と感じ、動物に出会った時は、「この動物は私に何か語り掛けようとしているのではないか」と考え、いつの間にか「山も森も雲も、空を舞う鳥たちも、全部、私と共に今ここに居る」などと思ってしまうことではないだろうか。

　これは人類も、その起源である猿人も、他の動物や昆虫などとほとんど境目がないほど一体となって森や川や海などの自然の中を生きていた、その遺伝子的な記憶が、万物と接することにより、呼び起こされる現象なのではないか。つまり「自然の中に超越的な存在がある」のではなく、「人間の中に、自我を超越する他者＝過去の記憶、が宿っている」という事ではないだろうか。

　私はこの、人間が、普遍的に持っている、アミニズム（の感性）が、世界中にあまた存在する宗教の、共通の源ではないかと考えている。そしてこの宗教的なもの（＝超越的存在）を求める、いや求めずには居られない、人間の心性が、様々な文化を創造する源泉であると考えているのだ。

　つまり、人間の中に住む「記憶＝超自我＝他者」が日常の外側に、日常を超越する喜びを与えてくれる存在として文化を求め、文化を創造するのだ。画家が「何かに招かれるように勝手に絵筆が進んだ」などと言うのは、この事ではないか。スポーツもこのようにして生み出された、一つの文化なのではないだろうか。

　稲垣氏は人間と動物と宗教について、ここでもバタイユを引き合いに出しながらこのように述べている。

　　ヒトが動物の世界にいたときは、植物や動物と共に、内在性を生きていたのに、ヒトが人間になってから、それらを事物としてしまったために、自らもまた内在性を生きることができなくなり、自分自身も「事物」と化してしてしまうことになる。こうして人間性の世界が構築された。

　　栽培植物や飼育動物は、人間の手によって本来の「生きもの」の世界から引き離されてしまう。同時に人間も本来の「生きもの」の世界から引き離される。その結果、自らも事物となってしまった人間は、折あるごとに「内在性」への回帰願望が頭をもたげることになる。

　　この「動物性」と「人間性」の端境期、あるいは境界領域こそ、宗教が立ち現れるハイマート（強い郷愁を感じる故郷＝著者注）なのだ。

　つまり、人間は、動物も、植物も、そして、いつしか人間自身をも、事物化、

つまり「モノ」であるとすることで、社会を構築し、現在まで生き延びてきた。しかしそれは人間を「鉄の檻」に閉じ込めることになった。しかし、そのような「生」を生きる他なくなった人間は、ここではない、どこか遥かな所にある、神秘的で、懐かしく、心洗われるもの＝万物の世界、ともう一度繋がりたい、という記憶と欲望を消すことはできない。

こうして人間は、日常性から脱出し、万物に近づく装置として、様々な文化を創造してきたのではないだろうか。人間は文化という装置を通じて、しばし鉄の檻の外に出て、生き返り、生き直すのである。（だから文化や宗教と金銭が結びつくことに、嫌悪感を持つのではないか。）

ここで改めて図2を見てほしい。事物としての日々を送るしかない人間が、万物への郷愁、憧憬、そして改めて生き直すための希望を込めて創造した文化の数々である。

宗教は祭りを求める。祭りは聖なる存在、つまり神（や万物）への捧げものである。神が我々のところへ降りてくることを祈り、降りてきてくれたことに皆で感謝しながら、非日常の時間と空間を過ごし、わが身の汚れを落とし、もう一度生き返るのだ。

音楽と祭りは一体だ。そして音楽は最も簡易な表現方法だ。石や木を叩けばリズム、口をとがらせて息を吐けば口笛、音階も音色も自由に奏でられる。だから音楽は最も変幻自在、集まった者たちの身体を共鳴させながら、万物とのコミュニケーションに歓喜するのだ。

美術も優れたコミュニケーションの一つである。1万8千年前に描かれたとされる、ラスコーの動物壁画。人類最古の美術作品と呼ぶ人もいる。ここには様々な動物が丁寧に、そして美的に描かれている。そこには鳥の頭をした人間も描かれている。これは「動物たちと人間は、心身ともに一体なのだ」という古代の人々の世界観を伝えようしているのではないか。

神話や伝説は、自然現象や倫理的な原理を、象徴的に表現したもの、という説もあれば、人間の心の無意識の層にある、個人を越えて共有される記憶が生み出したもの、という説もある。いずれにせよ、どちらもまるでアミニズムの事を指しているようではないか。

文学は、祭りの場で語られる神聖な詞章が，その原型であるという。文学は人を描き、社会を描き、そして世界を描く。それはノモスとピュシスの間で常に揺らいでいる人間の在り様であり、人間が多様で自由な、そして複雑怪奇な存在で

あることを表現し続けるのだ。

そして、映画。言うまでもなく、人間が創造してきた、ここまで述べた全ての文化の要素を統合した、最も新しい総合芸術である。

さて、スポーツである。スポーツの特質は言語や文字を用いなくても成立する身体運動であるという事ではないか。その分だけより動物的、原始的であり、正に人々に「身近な」存在である。スポーツの場においては、アスリートも、それを見る者たちも、アニミズムの感性に近づいているのではないだろうか。スポーツに深く没入した時、自意識や、目的意識が消失し、自他の境界も無くなり、ある種の恍惚状態に没入することを、アスリートにおいては「ゾーンに入る」と言い、観戦者においては「フローの状態」と呼ぶが、正にこれこそが、内在性、エクスターズの状態であり、それは、アミニズムや宗教的な感性に包摂された、ピュシス＝万物の世界に近づいている状態なのではないだろうか。だから人はそれを「奇跡」、「後光がさす」、「神憑り」、「血沸き肉躍る」、「聖地」と呼ぶのである。

文化、そしてスポーツとは、人間の事物化と、社会の「鉄の檻」化が益々進行する現代社会に於いて、人々を日常から離脱させ、我々の起源である万物の世界を想起・体感させ、そこに、「光や力や愛」のようなものを齎す、「missionary」な、社会装置なのでである。

6. 終わりに

「ブラック企業で働く、疲れ切った男が、大谷翔平の天まで届くような特大ホームランを見て『勇気』をもらい、明日もまたブラック企業で働く」。

今回私の書いた文章の内容は、単純化すれば、そういう事だ。そして実際に現在のスポーツ（や、文化と呼ばれるもの）の多くは、そのような存在として「消費」されている。文化の周縁的な存在である、エンターテイメントは、更にそういう位置づけに在るのだろう。

「社会とはそういうものだ、人間とはそういうものだ、そうやって人も社会も経済も生活も回ってゆくのだ、決して悪い事だとは言えないだろう」という人も居るだろう。いや現実には、その意見が多数を占めるのだろう。

しかし私は、この考え方は間違っていると思う。なぜならば、これは、ブラック企業を延命させるだけでなく、同様な存在を無限に生み出す仕組みだからである。たとえ人間が壊れても、社会や企業や経済は永遠に周り続けるよう、周到に

構築された「システム」なのである。ここに於いてスポーツとは、人間の欲求不満のガス抜きポンプか、あるいは、安っぽい感情のロンダリング装置である。

　私は、このひたすらに人間を疎外しながら、社会を高速で回し続ける「システム」という怪物を、その恐ろしさを知らぬまま、人々が自ら進んで受容している現実に対して、スポーツやアート、つまり文化と呼ばれる存在は何ができるのだろうか、と、いつもと同じ事を考えてしまうのだ。

　しかし今、私はアニミズムという概念を再認識した。ここから見渡せば、人間は今、この瞬間も宇宙や大地や自然と完全に一体の存在であり、その一部分である動物の一種なのだ。そして人間は「生きもの」であり、それは1回きりの「命」を全うするしかない、儚い存在でもある。どれほど人間が理性や知性を獲得し、他の動物から超越した特別な存在のように振舞っていても、そのことが変わることは決してないのだ。

　そして稲垣氏は「スポーツは、動物性への回帰願望の表出である」と述べた。私はこの考えに完全に同意する。そのうえで、私は視点を変えてこのように言ってみたい。

「スポーツは『私は、身体を持ち、大地と繋がる、確固たる存在として、今ここにいる』という充足感と、それを他者と共有したいと欲望させる、人間の本性を回復する装置である」。

　もしある人が、本当に、本来の人間性を回復したならば、例えば自然環境について、「私は自然環境を破壊してはいけないと思います」などとは言わず、「私は自然の一部、一体なので、自然環境を破壊する事ができません」、と言うのではないか。そういう人が沢山現れた時、初めて本当に自然は蘇ることができるのではないか。そんなことを絶賛考え中である。

　既定の文字数を超えたので、ここまでにする。この辺りの事は、いつかまた機会があれば書いてみたい。その代わり、というわけではないが、最後に、一つの文章を紹介したい。

　私は「プロスポーツビジネス」という科目を担当しているのだが、折に触れて「スポーツとは」「ビジネスとは」「社会とは」「人間とは」等、「そもそも論」を学生に問いかけながら授業を進めている。そして各年度の最終回は、この原稿でも示

した、図1と2を使い、稲垣氏の言説なども紹介しながら、「スポーツの根源的な存在価値についての試案」として、授業を行っている。以下は、この授業に対する、一人の学生からのフィードバックである。

　　文化は社会よりも遥かに大きな存在。人を「世界」に導き、優しく包摂してくれる……。なんて斬新で大胆なのだろう。そして、この言葉は私たちに学ぶことの意義そのものを示してくれるのだ。例えばスポーツ科学部は、経営学や生理学、社会学、物理など、とりわけ様々な学問と結びついている。他方、近年、分業化が進むように、学問もまた早期から専門性を重視する風潮がある。今日の講義が示したように、そのスペシャリストになるための効率がいいのだろう。しかしながら、その結果弊害が起きているのも事実だ。特に医学。医療における細分化、専門性の強化は時に「見落とし」へとつながる。かつては誰もが診断できる疾患であったとしても、だ。そこで、導入されたのが総合診断医。診断のスペシャリスト。やはりその解決策までもシステマチックだ。ともすると、スポーツの方がよほど身体的で自然で『生』と向き合っているような気がする。もちろんフィクションも含むことを考慮して。全14回の講義では、スポーツビジネスを学んだというより、その上の領域に触れることが出来たのではないかと感じている。人々の思惑や目的、物語が交わる先に、新たな物語が生まれる。このことを胸に社会と対峙していきます。実にロックで哲学的で、学びのさらなる原動力となりました。ありがとうございます！！！

　　こんな人間が増えれば、日本は変われる。本当に勇気をもらえる文章である。

［参考文献］
マックス・ウェーバー（1989）『プロテスタンティズムの倫理と資本主義の精神』，岩波文庫.
小室直樹（2022）『危機の構造（新装版）』，ダイアモンド社.
ジョルジュ・バタイユ（2002）『宗教の論理』，ちくま学芸文庫.
酒井健（1996）『バタイユ入門』，ちくま新書.
M・チクセントミハイ（2010）『フロー体験　喜びの現象学』，世界思想社.
宮台真司・藤井聡（2022）『神なき時代の日本創生プラン』，ビジネス社.
宮台真司・野田智義（2022）『経営リーダーのための社会システム論』，光文社.
山極寿一・小原克博（2019）『人類の起源　宗教の誕生』，平凡社新書.
山極寿一（2023）『共感革命』，河出新書.
稲垣正浩・今福龍太・西谷修（2009）『近代スポーツのミッションは終わったか』，平凡社.
稲垣正浩　ブログ「スポーツ、遊び、からだ、人間」，https://inamasa.blogspot.com/

2

勝利を至上とせよ

藤島　大
スポーツライター

1. あるべきとすべき

　1936 年のベルリン五輪でサッカーの男子日本代表はスウェーデンを 3 対 2 で破った。快挙から 73 年の 2009 年、当時の大日本蹴球協会の機関誌『蹴球』のコピーを入手した。後述の名指導者、同代表の工藤孝一コーチについて調べたかった。

　その人による「我等は如何に戦ったか」(『蹴球』第四巻第五号＝ 1936 年 12 月、同第五巻第一号＝ 37 年 5 月) という報告にたちまち心を奪われた。責任と使命、冷徹と熱血がなんというのか混然と溶け合って迫力がある。

　周到な準備を怠らず、欧州入りしたのち現地の潮流の攻防システムを知るや可能な限り導入するなど着々と「理」を積み上げる。他方、いざ決戦に臨むや「神秘的精神力」を厳しく求めた。いわく「ダニのごとく執拗に」(対スウェーデン)。あるいは「最も乱暴なチームだから之れに劣らぬ闘志を以って相対し、恐れて逃げ回るよりは寧ろ悪性のファウルをも行って差支えない」(対イタリア)。

　優勝候補のスウェーデンを大いに称えられた運動量で見事に退け、しかし 3 日後のイタリア戦に 0 対 8 の大敗を喫した。

　工藤コーチは、概略、次のように振り返った (現代仮名遣いに改め、以下同)。「我々は、まだ 1 試合のみに全精神、全精力を傾注せねばならない」「同等の技量を持つ 22 名の選手を擁して試合ごとに交代させるのも方法だが、選手層からも財政面からも許されず、第一回の参加としてはあきらめなくてはならない」

　結果としてイタリアはこの五輪を制した。それほどの強豪に渾身の大勝負よりわずかの時間で伍すのは無理だ。なげやりではない。むしろ落ち着いた分析だ。だからこそスウェーデンとのひとつの勝負にかけた。

　ここのところはコーチング論でも議論となる。「あんなサッカーは一発勝負に過ぎない。理想を外れず実力をたくわえるべきだ」。「いや、そう唱える者は一発勝負すらできやしない。永遠のアリバイってやつさ。一発勝負を制するのがどんなに大変なことか」。

　『蹴球』（第六巻第一号）にはベルリン五輪参加選手の約4週間の欧州滞在（開幕前に地元クラブと3戦）で得た見識が示されている。これが興味深い（概略）。

　松永行（FW、東京文理大学）は技術の融通性について述べる。

「まったくフリーな気持ちで猫が戯れるようにボールに親しむような練習法を採用すべき。焦らず、緊張せず、のんびりやることである」

　西邑昌一（FW、早稲田大学）は現実を見つめて勝負の観点を捨てない。

「テンポの速い、細かいコンビネーション主体の蹴球で体格の大きなスウェーデンのあいだを鼠のようにちょこちょこと抜けていく。強い精神力の助けでこれを実行、観衆を喜ばせたが、その後に待っていたのは過度の疲労であった。しかし日本人に適するのはこのサッカーである。なぜなら急速な体格の向上は望めないからだ。そのうえに体力と技術を発達させる」

　高橋豊二（FW、東京帝国大学）は欧州のクラブに理想を見た。

「もっと日本にたくさんのよきグラウンドと学生以外のクラブチームの出現と、優秀なる外国チームの来征を望みしだい」

　異なる視点は現在のスポーツのあり方の考察とも重なる。おのおの正しい。

　教育系の東京文理大学の松永は「スキルとその習得法」に着目する。覇を強く求める私学の早稲田大学の西邑は、体格に劣る日本人の可能性を信じるゆえに「できないこと。それでもできること」を割り切る。現有戦力に合致した戦法を突き詰める態度だ。東京帝国大学の高橋は官学の部員らしく、いわば社会システムに言及、理想の環境へ思考を伸ばした。

　スポーツは「どうあるべきか」。

　自由な精神をもって小動物が遊ぶように球を扱う。そのための開明的な指導を。学校教育の枠の外に芝のピッチとオープンなクラブ組織を。それらの実現の道を考え抜く。ひとつの大切な立場である。

　もうひとつ。スポーツを「いかにするのか」。

　あるべきでなくすべき。わたしは、あなたは、みずからの選んだ競技をいかに行なうのか。自分はいかに自分らしくサッカーを野球をラグビーをしたいのか。こちらから考える。

個人的に 1989 年から 2001 年度まで無給のラグビーのコーチに夢中になった。最初の 7 年が東京都立国立高校、あとの 5 シーズンは早稲田大学を指導した。92 年 2 月にはスポーツ紙の記者をやめてしまい、とうとう「無給、ほとんどフルタイム」となり、まさに朝から晩までコーチングとその準備に浸った。

　いずれのクラブにおいても勝利こそをとことん追い求めた。なんて記すと、なんだか世の流れに異を唱えるみたいだが事実である。

　国立高校の場合は全国大会への出場、早稲田大学では学生日本一の旗を迷わずに掲げた。「現有戦力」からするととても簡単でない。実現のためにベストを尽くすだけでなく、ベストの限界をより高めなくては届かない。練習は厳しい。妥協の根絶を図る。グラウンドを緊張が覆う。

（1）勝利至上主義批判

　ここでぜひ触れたいのは「勝利至上主義批判」の虚しさである。こんなことまでして、具体的には指導者が暴力を行使したり、レギュラーでない部員を放置したり、保護者に雑用を命じたり、学業の放棄を黙認したり、そうまでして勝ちたいのか。そうした批判は実相とまるで離れている。

　競技者のスカウトを許されず、その学校へたまたま入学した者、そうでなくともそこで好きな競技に励みたいと一般の入学試験を経た学生のみで部活動を成立させる大多数のクラブにあっては「暴力」や「私物化」のような「いやなこと」が内側にあれば、その時点で勝利は遠ざかる。

　競技経験や身体能力の総体、練習環境などで追いかける側の生命線は、チーム競技なら「やる気に満ちあふれた集団である」ことだ。そうでないと対抗はできない。

　もちろん使命を帯びた主将と入学したばかりの新人が等量の「やる気」をたたえるわけではあるまい。それは無理だ。しかし、このクラブ、集団では、やる気に満ちあふれた人間が尊敬される。体力や技術に秀でていてもやる気に欠ける部員は評価されない。そこまでの環境ならつくれる。

　身体を駆使、疲れ、痛みが走り、私生活の時間は削られる。それでもこのクラブで青春を過ごしたい。そう自然に思うためには「いやなこと」を排除しなくてはならない。

　もっとも次のような声はあるだろう。高い目標へ努力を続ける。それを勝利至上と呼ぶのはおかしい。「競争主義」とでも称するべきだ。

　しかし、競技スポーツの競争が勝利を目標とするのは自然である。そうでなければ、そもそも楽しめない。正しい競争主義とは、すなわち正しい勝利至上主義のはずである。個人的には「至上」より「追求」がしっくりくるけれど、あえて語義にこだわることもない。闘争の現場では主観的には「至上」なのである。

　現実に「正しくない勝利至上主義」は存在する。それは正しくは「反・勝利至上」である。前述の暴力、私物化、学業放棄などは「そこにいる人間」で戦う多くのチームにとって敗北の親友なのだから。

（2）よき人こそ

　ここに「どうあるべき」でなく「どうすべき」の価値が浮き上がる。

　ひとつの例が思い浮かぶ。

　小学生が受験に備えて塾へ通う。いつだったか、ざっと30年前、東京の繁華街の最寄り駅ホーム、夜も10時を過ぎたころに学習塾のそろいのカバンを提げた子どもたちを見た。

　反射的に「かわいそうだ」と感じた。自分に同じ年ごろの小学生の娘や息子がいたら、こんなことはさせない。もっと子どもらしく「のびのび」と育てるのだと。

　のちに反省した。自分はラグビーのコーチとしては、いくらか「学習塾」と同じことをしている。中学までラグビーどころかスポーツ歴もあまりない都立高校の少年やマネジャーの少女に「難関校合格＝花園（高校野球の甲子園）出場」の目標をなかば授け、そうした環境を醸成、いわば猛勉強をするように導いた。

　結果、全国大会には届かなかった。新人大会ブロック決勝進出や都大会の8強どまりだった。目標には届かなかった。

　ただし卒業して何年も過ぎて、そのころのラグビー部員は、なんと表現するのか、個体差を前提としても、総じて魅力がある。大学入試を控える3年の秋深くまで部に残り、周囲からは「あいつら、よくやるよ」とあきれられ、まあ夜のホームの小学生のようでもあって、でも歪んだり偏ったりはしていない。

　当時の監督と無給フルタイムのコーチが「いやなこと」をしなかったからだと思う。よき講師に出会えば、塾に浸かった子どもが長じておかしくならぬように。

　1999年1月。早稲田大学ラグビー部のグラウンドのあった東京・東伏見でプロ野球の指導者、権藤博の指導論を個人的に聞いた。

　その前年、横浜ベイスターズを率いて日本一となった元投手の指導論の中核は「選手の感情」だった。こんな内容をよく覚えている。

「プロ野球の1位と6位のチームには東京六大学の法政と東大のような戦力の開きはない。町でいちばん、学校でいちばん、会社のチームでいちばんの人間が集まってくる。なのに、そのチームはいつも下位にいる。なぜか。それはチームの内側にいやなことがあるからだ。突然、フォームをいじくりまわされたり、コーチが『お前は××高校か。アホやな』と自分はジョークのつもりで言ったり。いやなことを排除するだけで3位にはなれる。そこに賢いキャッチャー、いい抑え投手がいたら優勝できる」

　当時、勝利至上主義批判の浅薄をよく考えたことはなかったが、いま思うと「指導者の暴力や私物化＝反・勝利至上」を語っている。

　高い高い目標に突き進むからこそ、日常で起こるさまざまな出来事への感受性も働く。心より勝ちたいのでじゃまになる要素を感知する触覚は発達する。

　国立高校のコーチ時代、こんなことがあった。キャプテンと3年のリーダー数人が車座になって練習後の暗闇で語り合っている。

「このままでは花園へ行けない。監督とコーチが帰ったあと、さらに練習をしよう」

　キャプテンが言った。

　副将格の部員は反論する。

「それはやり過ぎだ。文武両道にも反する」

　離れた場所で着替えのふりをしながら聞いているとこんな結論に達した。

「3年の有志が残って走る。もちろん1年と2年には絶対に強制しない」

　瞬間、これは知性的行動だと確信した。

　勝つためにもっと練習したい。それでは高校生活のバランスを崩す。どちらも間違いではない。あらかじめの正解もない。だから話し合い、彼らにとっての未知の難題を突破できた。どこかから借りてきた答えとは違った。

　ラグビーという身体活動を勝利へ向けて突き詰める。するとグラウンドのただ中に知性の出番は訪れた。

　過去のクラブの成績などから導いた「身の丈」に従い、手の届くところに「自分の頂点」を定めたら、こうはならない。「どちらが正しいのか。どうすればよいのか」。そんな切実の質量が薄くなる。身体のみならず知の跳躍力も伸びない。

　部員の切実は指導者の切実である。

　コーチングにあって「理」や「知」を突き詰める態度を妥協なき勝利追求が鍛えるのだ。環境、そこにいる人間の資質や個性にふさわしい理論、戦法、トレー

ニング法を構築しなくては白星はそもそも近寄ってもこない。こんなに勝ちたい青春を裏切ってはならない。ならば勝ち切るために思考を研ぐほかない。暴力や私物化の侵入スペースはない。

目標成就の前提は「やる気に満ちあふれた集団」となることだ。進学の受験を控えても３年部員を先頭に厳しい練習に取り組む高校のラグビー部があるとする。ここでの「やる気」を支えるのは、そこにいる人間ひとりひとりの尊厳が大事にされる指導や環境に尽きる。

監督やコーチ、あるいは部長が「君たち」でなく「ひとりの君」の人格を尊ぶ。技量の巧拙にかかわらず存在を否定しない。そのうえでハードなトレーニングを怠らず、公式戦の出場者の選考は情に流されない。勝利を至上とするには指導者が「よき人」でなくてはならない。

では、よき人である指導者とは？　真剣勝負の場においては、ひとまず、こう定義しよう。

競技への知識を得る意欲や能力がある。そこにいる人間（部員）を愛する能力がある。慣習にとらわれず惰性にからめとられず、みずからがなしたことへの見返りを欲せぬ個性がある。「夜明けが待ち遠しい」（かつての能代工業高校バスケットボール部監督の加藤廣志、2008 年の筆者によるインタビュー）と自然に感じること。すなわち「また明日も練習ができる」という喜びに浸る情熱に満ちている。

この反対が「よくない人」である。

ふとした機会に「子どもの学習塾への偏見」を悔いたら、子どものラグビーをめぐる難題のひとつが解けた。

テーマは「オーバー」をどうするのか。

オーバーというのはラグビーの試合中にタックルされて地面に横たわる味方や相手の選手をボールごと乗り越えるプレーだ。練習すると単調でおもしろくはない。創造性とも距離がある。しかし、これを身につけると、つまり、そのための時間を割くと、試合に勝てる。高校ラグビー部に進めばどのみち身につけなくてはならない。いま、この時期くらいは、もっと「のびのび」とさせるべきではないか。

よく少年少女のコーチに相談された。「オーバー問題をどう思いますか」。はじめはうまく答えられなかった。しかし「学習塾」以来、みずからのコーチングを振り返り、考えはまとまった。

指導者が「よき人」なら「オーバー」もまたよし。仮に「よくない人」であれば「うちのチームはオーバーなんてさせません。もっと自由に走り回ります」の理想の表層はもうはがれている。スパルタの学習塾の先生が「よき人」なら子どもは伸びる。「のびのび教育」の理想を掲げても教え導き支える者が「よくない人」ならうまく運ばない。

　子どもが電車で夜の塾に通うような受験システムのあり方の功罪を深く問う。夜の塾で子どもが感動を覚える指導法を突き詰める。どちらも考察の対象なのである。

　よき人が指導者なら勝利の追求、本物の勝利至上は肯定される。いささか属人的かもしれない。よきコーチに会えたら幸運。そうでなければ不運。おしまい。これだけでは社会はよくならない。

　「よくない人の勝利至上＝反・勝利至上」を阻む。もとより暴力や私物化はあってはならない。現実に傷つく人間を不行跡の監視や罰則を含むルールが守る。その仕組みをつくる。ここに異議はない。

2.　「際（きわ）」をつかんだ名指導者

　並行して古今のスポーツの前線の実相を調査。指導者が勝利をとことん求めて、だからこそ、そこにいる人間は感動を覚え、そのことによって人格を深めた例を知るべきだ。

　よいものは「際（きわ）」にある。

　正しき凡庸。狂気の美徳。こうした領域について考え抜くのはジャーナリズムの務めと思い定めて、具体的には、いわゆる「名将」や「名コーチ」の取材を続けてきた。勝利至上すなわち悪という「わかりやすさ」の外にある「際」をつかまえたかった。

　以下、過去に調べ、あるいは直接取材をしてきたスポーツ指導者の像と言葉を紹介したい。

　冒頭の工藤孝一。1971年9月、62歳で亡くなった。若きころの高校指導とベルリン五輪コーチを除き、あとは早稲田大学サッカー部の監督ひとすじ、だから実績に比して人口に膾炙せぬものの、指導した五輪参加選手はのべ21人（『賀川ライブラリー』）に達する。釜本邦茂は代表格だ。戦前は計9年の母校指導で主要リーグ・大会優勝は11度、戦後も全日本優勝など8季で同10度も頂点へ導いた。

　勝ちまくる人は「現有戦力」を正確にとらえる。入学試験の仕組みなどで戦力潤沢とは限らぬ早稲田では猛トレーニングでまず体力をつくる。しっかり止めて正確に蹴る技術を反復させる。陣容の楽でないシーズンにはへっちゃらで「農民一斉蜂起」のなだれ込みスタイルで勝負をかけて接戦を制した。

　銅メダル獲得の1968年メキシコ五輪の日本代表の主将、八重樫茂生は生前の2009年、師である工藤について筆者に語った。

「絶対に勝つ。それにはこういうサッカーをする。そのためにこれとこれをやる。そうやってチームをつくる。でもまだ足らない。結局はサッカーも格闘技なんです。あの人はそれを知っているので技術と体力に加え、闘争心を重視する。闘争心ってのは筋肉と同じで負荷をかけなくては身につかない。だから練習は甘くない」

　闘争心は筋肉と同じ。コーチ学に簡単には収まりそうにない。こうした領域は机上を離れた勝負の場での実感によって信念と化す。実証は戦績である。

　これを片側の視点とする。工藤はもうひとつ、異なる角度に広がる視野を有していた。

　1966年某月、後年には日本代表監督、浦和レッズGMなどの要職に就く森孝慈が早稲田主将のシーズン、練習後、工藤に声をかけられる（工藤孝一追悼文集『日本サッカーの魂』、工藤孝一記念誌作成委員会＝1997年9月20日発行より）。

「私が四年生の時、その工藤さんが『MFとFWの四人がダ円状に位置して、右のMFが右外側へ攻撃参加したら左MFがその位置にズレ、左のFWが左MFのポジションに入る、というようにローテーションしてバランスをとるというのをどう思うか』と問いかけられ、うまく答えられずにいると『これからのサッカーは、こういうポジションチェンジが出来てしかもバランスよく、必要な所に必要な選手が位置していくことが大事になる』と言い残して自宅へ向かわれたことがあった」

　かのヨハン・クライフを擁するオランダの革命的戦法、流動的ポジショニングの「トータル・フットボール」が衆目を集めるのは、これより8年後のワールドカップ西ドイツ大会である。

　1971年、死の年の春。当時ヤンマーの監督を務めていた早稲田出身の鬼武健二（元Jリーグチェアマン）に工藤から手紙が届いた。

「君のチームにはボール扱いが上手い選手がいるね。そして一一人がそれぞれ違った個性を持っているし、得点感覚に優れた選手もいる。両サイドバックをどん

どん攻撃に参加させて中盤を厚くすればもっと得点できる。三―五―二のシステムになるが、これを採用してもっとダイナミックなサッカーをしてはどうだろうか?」(『日本サッカーの魂』)

　教え子は振り返る。

「私に勇気がなくて挑戦できなかった」

　のちに世界はその方向へ動いた。

「私は恥ずかしいやら申し訳ないやら、しかし一方では工藤監督を大いに自慢した」

　精神力は筋肉。オランダに先行するようなモダンな理論。工藤孝一の体内ではぶつからない。ごく自然に溶け合う。どちらにせよ「絶対に勝つ」という根幹より伸びる枝なのだから。

　工藤孝一は戦後、故郷の岩手県内の高校を指導した。前出の八重樫茂生は盛岡一高1年生でコーチングに浴した。

「坊主頭の一高生に、常に外人と試合することを想定して練習しろと言っていた」(『日本サッカーの魂』)

　世界を見すえる。勝利を強く願う。深く考える。すると海外直輸入の借り物の方法では届かぬとわかる。

　ラグビーの名将、大西鐵之祐がそうであった。1995年に79歳で没。母校である早稲田大学や日本代表、晩年には早稲田大学高等学院を監督やコーチとして指揮、指導、あまたの実績を刻んだ。

　世界を学び、なお海外の理論や方法の模倣を戒める。それは工藤孝一と同様、理を求めつつ理に頼らぬ指導へ結ばれた。「絶対に勝つ」の旗を降ろさなないから知は研ぎ澄まされる。日本代表でのイングランドへの肉薄(1971年、3対6)やオールブラックス・ジュニアこと23歳以下ニュージーランド代表戦勝利(1968年、23対19)などはその成果だ。

　2016年7月31日、早稲田大学大隈記念講堂において『大西鐵之祐先生　生誕100年記念シンポジウム』が催された。最後にコーチングの情熱を傾けた対象、早稲田大学高等学院ラグビー部OB会が主催、約300の聴衆を集めた。

　特別講演があった。

『教育者としての大西鐵之祐先生』

　元早稲田大学高等学院院長でラグビー部長を務めたハイデッガー哲学の研究者、伴一憲が、右手にマイクを握り直立不動で語った。

「わたくしは 84 年生きてまいりましたけれど、たったひとつだけよいことをしました。それは大西哲学、闘争の倫理を世に出す手助けをしたことです」

そして 2015 年に復刻された『闘争の倫理』（鉄筆文庫）を掲げた。副題は「スポーツの本源を問う」。1987 年刊行、大西鐵之祐の広範なスポーツ哲学が語られている。出版の発案をなした講演者は続けた。

「一生の生き方を決定するような経験、それを根本経験と呼びます。大西先生の根本経験は、数十度におよぶ銃撃戦、戦地での経験ではなかったかと思います」

戦場では人間の理性や道徳は無力だ。殺さなければ殺される。捕虜を物でも扱うように息絶えさせる。そこは地獄だ。人間をそのようなところへ追い込む前に「ちょっと待てよ」と異を唱える勢力が存在しなくてはならない。野党や報道機関を権力が暴力によって無力化させると、もう手遅れだ。誰も止めることはできない。

だからハイキングを楽しむのではなく世界最高峰を征服するような闘争的スポーツに青春の身を焦がした者が、その切実にあって培った不正を察知する能力をもって戦争の兆候に抗う。

ラグビーの勝負で、こんなにまで倒したい相手なのに汚いことはしない。合法であれ、それ以上は踏みとどまる。そうでないと、勝っても、いやな気持ちになる。ジャスティスよりフェアネス。合法か非合法かでなく、きれいか汚いか。その「際」を、いちはやくつかんだ者が社会の細胞となり投票権を駆使しながら権力の暴走に歯止めをかける。

「無意味な戦争に血を流すのなら、現在の貴重な平和を守るために命がけで戦う覚悟が必要であろう」（『闘争の倫理』）

大学のラグビー部員にはミーティングでこう言った。「君たちは戦争をしないためにラグビーをするのだ」。高校の部員にはこうも話したそうだ。「目の前に 5 億円を積まれたら本能的に拒否する人間になれ」。政治活動のためにと浄化された金銭であっても、つまり合法であっても、きれいではない。

大西鐵之祐の『闘争の倫理』に触れるには紙幅はとても足りない「絶対に勝つ」指導の迫力に戻る。

前出の『大西鐵之祐先生　生誕 100 年記念シンポジウム』で伴一憲は「大西哲学」をこう解説した。

「衝動的行動に科学的知性を注入することによって知性的行動へ高め、知性的行動に宗教的境地を注入することによって全人的な人格的行動へと高めていく」

身体活動に理論を導入する。科学に従って体力を得る。しかし、それだけでは「現有戦力」においてこちらを上回る相手には勝てない。

　そこで「宗教的境地」である。もちろん宗教そのものとは異なる。スポーツにはスコアという客観的かつ科学的でもある判定が下される。

　2004年、競泳の名指導者、当時84歳の奥田精一郎は筆者の聞き書きにこう語った。

　「僕は理論屋ですよ。的を絞って集中させる。目標をもって練習させる。まず泳法ありき。ハードな鍛練には頼りません。文献にも目を通す。いまでも海外の新聞の水泳関係の記事くらいは読みますよ。しかし、僕は、理論屋やけれども、必ずしも合理的・科学的ではない。科学をすべては信じません。文章や言葉では表現できない世界を知っとんねん。迷信めいて『そんなことありえん』ということでも『ありえるわ』とぐわーっとまじないでもかける。レースまで五分切ったら、そんな宗教との中間をいってネジを巻くんやから」（『叱るより、ささやけ』）

　奥田精一郎は早稲田大学水泳部出身、ミュンヘン五輪金メダルの青木まゆみを育て、アテネ五輪銀メダルの山本貴司や千葉すずなどを一流競技者へと導いた、イトマンスイミングスクールの創設者のひとりでもある。指導の核心はあくまでも「一等賞」だ。

　「成功体験はつまり感動やねん。そういう感動の感覚を教えていかなあかん。感動すると子供は絶対に伸びます」（同）

　大西鐵之祐は同じことを「青春の頂上体験」と表現した。高峰のてっぺんに立つ感激を選手に授けるために、本人の用いた一言なら「理外の理」を考え抜いた。そうしないと勝てないからだ。

　理を尽くし、しかし「決闘」の直前に理を棄てる。ひとつのパス、ひとつのキックに「魂をこめろ」とよく叫んだ。魂。取り扱い注意の言葉だ。しかし奥田精一郎が語るように真剣勝負にはどうしても可視化されない力が関わってくる。「魂」を考えると次の例がよく思い浮かぶ。

　ラグビーでフィットネスを高める。個々の部員の数値を管理、科学的なハードワークでその限界を高める。それだけでは足りない。よく動けるチームにはなれても、よく粘れるチームには届かない。

　15人なら15人、集団で息の上がる苦しい練習を続ける。ポジションも違えば、必然、それぞれの体力にも差はある。その個体差をあえて無視、あくまでもチームとして限界の近くまで走り動く。すると人の人のあいだ、空間がドロッと濃く

なる。「ドロッと」なんて、いささか抽象的だが、ここはコーチ経験の実感なので許してもらおう。この「ドロッ」がゴール前のピンチでの執拗な粘りをもたらす。「動き続けるひとりひとり」ではなく「ひとつの粘り強いチーム」になる。

大西鐵之祐は述べている。

「人間の感激というのは、みんなが一緒に何かの目標に向かってやっていく場合に、みんなの心が打たれるというか、そういうものが人間の精神を進めていく」「人間の精神は、私の考えではただ座禅を組んでとか、そういうことで成長するのではなしに、人間が協同してある目標のために全力を捧げてやっていく、その過程のなかに生まれてくるものだと思います。スポーツはそういう教育的要素を持っている。勝ちたいということは人間の本能的なものですから、そのなかに協同の要素を入れて、自然に追求させていく」（『闘争の倫理』）

体力醸成というトレーニングもまた協同のもたらす感激の有無が勝負の瞬間に関係してくる。魂とも無縁ではない。ここは個人種目においては選手とコーチ・スタッフの関係と重なるはずだ。

協同の行動にあって、いざ現実のゲームでは成功も失敗もある。野球のような競技では「打つ」や「打たれる」や「打てない」というように個人の責任が明確である。そのことは実はサッカーやラグビーでもわかりにくいだけで同じだ。チームを重視する立場は、そこにいる人間ひとりひとりを凝視するので成立する。「絶対に勝つ」を譲らぬ古今の名指導者に知る限り共通するのはするのは「選手を個として扱う」態度だ。その人のよい瞬間、まずい瞬間を逃がさず、その人だけに働きかける。

奥田精一郎はスイミングスクールで多くの少年少女と接した。「子供さんの性格はそれぞれです。みな違う。個性こそ人間性なんです」（『叱るより、ささやけ』）。そのことを前提に身近に接する若いコーチ像を語った。

「みな、ほめ言葉をあまり知らんねんな。そこが問題やね。ほめるタイミングもよう知らない。だから、せっかく言葉を尽くしても気の抜けたビールみたいになってしまう。ここというタイミングがあるんですよ。そこを過ぎてしまえば、いくらほめても効果はありません」（同）

勝利の追求は個の尊重、そのための観察と支援に行き着く。感動の瞬間を逃がさぬ洞察もしかりである。勝利を至上とすれば全体が個を塗りつぶす。そうした連想は深みを欠く。それでは勝てないのだから。

明治大学野球部の往時の「名」にして「名物」の指導者、島岡吉郎の薫陶を受

けた人物の逸話が忘れがたい。

　岡本良一。卒業後は社会人野球の川崎重工でも活躍、現役を退くと、甲子園の決勝など長く審判を務めた。新人のシーズン、六大学の公式戦の大切な場面でふがいなく見逃し三振に倒れた。御大は激しく怒る。「合宿所に帰ったら朝まで素振りをしろ」。命じた本人は寝てしまうので、なんとなく振っては腰かけて夜明けを待った。島岡監督が近寄ってきてささやいた。「お前、きょう四番だ」。得点機にカーンとヒット。社業でも力を発揮した人はこの体験を次の言葉にした。「強烈な体験をさせて、ただちに挽回の機会を与える」（2012 年、筆者のインタビュー）

　上司となって職場でも応用したそうだ。

3. 勝利がすべてではない

　2024 年 4 月 23 日。笠谷幸生が世を去った。享年 80。1972 年の札幌冬季五輪のスキー・ジャンプ競技、70 メートル級（現ノーマルヒル）金メダリストである。

　本人の 2022 年の発言がある。栄冠の 6 日後の 90 メートル級の痛恨の失敗（7 位）を半世紀後に語っている。

「負けて大成功で終わらなかったから、一歩下がるというか、有頂天にならなかった。だから今があるのではないか」（『47 NEWS』共同通信の三木寛史記者の取材）

　勝利がすべてではない。当たり前だ。そのことは「絶対に勝つ」と思い詰めた者のみが実感できる。強制されるのでなく、辛苦すら覚悟で「自分がそうしたいから」高い頂へと踏み出す。選択肢のある人間の没頭。なんと自由なのだろう。

3

運動部活動と地域移行政策
—失敗の歴史を振り返る—

中澤篤史
早稲田大学

1. 運動部活動の地域移行政策

　2021 年、スポーツ庁は「運動部活動の地域移行に関する検討会議」（以下「検討会議」という）を設置し、47 都道府県および 12 政令市で「地域運動部活動推進事業」を実施した。この検討会議は 2022 年 6 月、「提言〜少子化の中、将来にわたり我が国の子供たちがスポーツに継続して親しむことができる機会の確保に向けて〜」を出して、主に公立中学校を対象として、運動部活動を地域へ移行する方向性を示した。

　その提言の背景を遡ると、2010 年代からの一連の運動部活動改革の流れがある（詳細は、中澤編、2023）。大阪市立桜宮高校バスケットボール部で顧問教師の暴力に耐えかねて生徒が自死を選んでしまった事件が社会問題になり、2013 年 5 月、文部科学省は「運動部活動での指導のガイドライン」を出した。2017 年 1 月には、文部科学省初等中等教育局とスポーツ庁が、休養日設定を含んだ「運動部活動の適切な運営」を求める通知を出した。そして同年 3 月、学校教育法施行規則が改正され、部活動等の指導・助言や各部活動の指導、顧問、単独での引率等を行うことを職務とする学校職員として「部活動指導員」が新設された。続いて、「指導」だけではなく、運営や管理を含めて「総合的」に見直すため、2018 年 3 月に、「運動部活動の在り方に関する総合的なガイドライン」が公表された。この総合的なガイドラインは、「適切」「合理的」「効率的・効果的」な運動部活動のあり方として、週 2 日の休養日を設定しよう、平日の活動時間は 2 時間程度にしよう、と肥大化した部活動全体のあり方を規制した。

　これら文部科学省・スポーツ庁の政策は、自由民主党と経済産業省の考えと歩

調を合わせたものであった。スポーツ庁が総合的なガイドラインを出した 2018 年 3 月、自由民主党のスポーツ立国調査会も「運動部活動の抜本改革に関する緊急提言」を出している。そこで「運動部活動の地域スポーツとの一体化」が謳われて、昨今の地域移行政策へ水路付ける政治的力学になった。合わせて、経済産業省では「地域×スポーツクラブ産業研究会」が 2020 年に始まり、2022 年 9 月に最終提言「『未来のブカツ』ビジョン ―"休日の／公立中学校の／運動部活動の地域移行" の『その先』を考える―」が出された。新自由主義的な政策路線が敷かれ、地域移行をビジネスとして展開していく方策が検討された。

　以上を背景に、地域移行政策が立案され、2023 年 4 月から本格始動した。日本のスポーツ文化として歴史的に定着した学校運動部活動のあり方を根本から変革しようとする試みである。果たして、地域移行政策はうまくいくのか。

2.　過去 2 回の地域移行の試み

　地域移行政策の成否を占うために、本稿では歴史を振り返りたい。時間方向は真逆であるが、示唆に富むはずだ。なぜなら、過去 2 回、地域移行は失敗してきたからである。

　運動部活動の戦後史を見ると、部活動が拡大してきたことがわかっている。図 1 は、中学生・高校生の運動部活動加入率の推移をまとめたものである。国の調査が不定期だったため細かい推移までは分からないが、1955 年→ 1964 年→ 1977 年→ 1987 年→ 1996 年→ 2001 年→ 2017 年の変化を見ると、中学生の加入率は 46.0%→ 45.1%→ 60.9%→ 66.8%→ 73.9%→ 73.0%→ 72.5%、高校生の加入率は 33.8%→ 31.3%→ 38.8%→ 40.8%→ 49.0%→ 52.1%→ 54.5%、と双方とも戦後から現在にかけて大きく増加してきた。運動部活動は、戦後に拡大してきたのである。

　このように中学校・高校で運動部活動への生徒加入率が上がってくると、それを支える学校や教師の負担が増えたり、スポーツを好まない生徒も巻き込まれたりした。そして、運動部活動のあり方を見直そうとする歴史的機運が、過去に大きく 2 回盛り上がった。

　1 つは 1970 年代で、社会体育化という言葉で、今でいう地域移行が試みられた。もう 1 つは 2000 年前後で、総合型地域スポーツクラブ構想との連携の中で、やはり地域移行が試みられた。しかし、周知の通り、今も運動部活動は続いている。

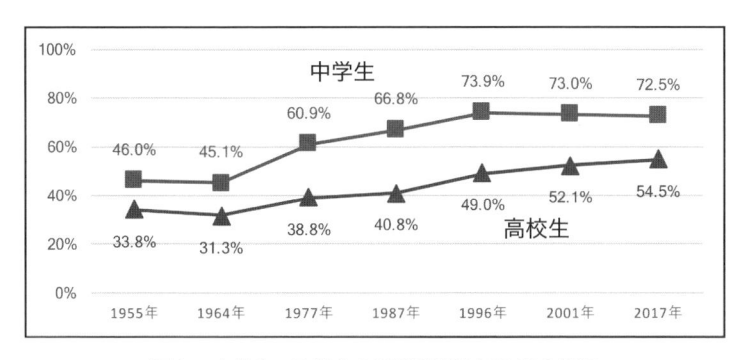

図1　中学生・高校生の運動部活動加入率の推移

（注）2001年までの結果を分析した中澤（2014, p.96）を元にして、2017年の結果をスポーツ庁（2018）『平成29年度運動部活動等に関する実態調査報告書』から参照し追加して、筆者作成。

結局のところ、運動部活動は無くならなかった。であれば、これらの時に、なぜ地域移行ができなかったのか。本稿ではそれを「失敗」と呼び、その経緯と理由を振り返る。

　本稿の目的は、過去の失敗の歴史を振り返って、現在の地域移行政策の成否を考え直すことである。

3.　1970年代の社会体育化　―5つの失敗理由―

　さて、1970年代の社会体育化は、1964年の東京オリンピックが終わった後の時代に試みられた。一部の選手だけではなく全員にスポーツチャンスを与えようと、平等主義的に運動部活動が拡張され、生徒加入率が急速に上がった時代であった。その結果、教師の負担の増大が問題視された。1966年にユネスコ特別政府間会議で採択された「教員の地位に関する勧告」で課外活動の負担について触れられたことを背景に、日本教職員組合（以下「日教組」という）は、1970年「教職員の労働時間と賃金の在り方」の中で、運動部活動は社会体育に含まれる活動であるとの見解を示した。それらの対応として文部省と人事院は、1971年に「公立の義務教育諸学校等の教育職員の給与等に関する特別措置法」を制定して残業代支給を拒否しながら法的解決を図ろうとし、1972年に、運動部活動の指導や対外試合の引率などに対する「教員特殊業務手当」を制度化した。しかし、それらで教師の負担が帳消しになったわけではなく、問題は残り続けた。

そうした状況の中で、熊本県市立藤園中学校柔道部で部員が半身不随になる事故が起きて、学校の責任、教師の責任が問われるという問題が生じた。その問題へ対処するなかで、そもそも部活動という仕組み自体が限界だと言われるようになり、社会体育へ、つまり学校外の地域へ移そうとする模索が始まった。

　しかし、うまくいかなかった。なぜか。5つの理由を指摘できる。

　第1に、事故補償制度の不十分さである。学校内の事故であれば、国の用意する災害共済給付制度が使えるが、学校外では使えない。前述した柔道事故が起きた熊本県では、社会体育化を進めるために、県独自の保険制度をつくったりした。一時、うまくいったかに見えたが、実は国の方が既存の災害救済制度をより充実した形で改訂し、そちらを利用する方が手厚い保障を受けられることになった。すると、利用者から見た経済的なインセンティブとしては、学校に留まる選択が合理的となる。こうした事故補償制度の不十分さが失敗理由としてあった。

　第2に、日教組の躊躇である。現在、メディアで取り上げられる教師の負担問題は、当時からあった。日教組は、部活動は社会体育、と一応の見解を出していたが、内部では様々な考え方の対立や相違があった。端的に言えば、現場に近い都道府県レベルの教職員組合では、社会体育化に消極的であった。その見立てによれば、社会体育という領域は、日教組の目指す民主教育の正反対にある政府体制側の非民主的な空間であり、運動部活動の社会体育化は、そうした非民主的な空間に生徒を送り込むことを意味し、それは教育の責任放棄ではないか、と問題視された。それゆえ、日教組は、運動部活動の社会体育化に躊躇せざるを得なくなった。

　第3に、学校体育連盟による囲い込みである。戦後、文部省はいわゆる対外競技基準を示して、競技大会を規制してきた。たとえば1948年通達では、中学校では全国大会は禁止された。しかしその後、競技団体の要望もあって緩和が進み、中学校の場合、まず競技団体が学校教育活動外として全国大会を始めた。これに対して、当初は競技団体に対抗して競技大会の拡大を阻止しようとしていた中学校体育連盟は、方針を転換して、自ら全国大会を開催するように動き出した。選手強化を最優先とする競技団体に生徒たちを任せるより、中学校体育連盟自身が主催した方がスポーツや運動部活動を教育的に活用できると考えたわけである。こうして1979年から学校教育活動内の全国中学校体育大会が開催されはじめた。学校体育連盟が、運動部活動とその競技大会をあくまで学校教育活動として囲い込んだと言える。

　第4に、管理主義的な指導実践の広がりである。社会体育化は、現場が望んだ方向とは言い切れなかった。むしろ、それに抵抗する現場の力学もあった。それゆえ社会体育化が失敗して運動部活動を学校が引き受けることになった事態が、肯定的に評価されもした。たとえば、社会体育化が推進されていた熊本県では、社会体育化したクラブで指導が過熱し学業が疎かになるなど、指導者の教育的配慮の無さが問題視されていた。そのため、これまで通り教師に任せる方が良い、と運動部活動を再評価する声も上がった。そうした運動部活動を再評価する論調は、生徒の非行が大きな社会問題となった1980年代の時代状況に後押しされた。非行防止／生徒指導の手段として、運動部活動は学校に必要であると主張されて、管理主義的な指導実践が広がっていった。

　第5に、国のリーダーシップの欠如である。当時の社会体育化について、国は賛成なのか反対なのか、はっきりとした立場を表明しなかった。どちらかと言えば、積極的に進めようとはせずに、むしろ、運動部活動を含めた学校体育を維持しようとしたようにも思われた。社会体育化が各地域・学校で実践的に模索される一方で、国の政策を見ると、学習指導要領でいわゆる総則体育や必修クラブ活動（特別活動内の課内クラブ）を設けたりして、学校体育を充実させる路線が敷かれた。さらに、部活動には教育的意義があると謳ったりもした。つまるところ、国は、社会体育化へのリーダーシップを発揮したわけではなかった（以上の詳細は、中澤、2023）。

4. 2000年前後の総合型地域スポーツクラブ連携
―現場にあった失敗理由―

　こうして1970年代の社会体育化は失敗した。その後の運動部活動はどうなったのか。

　2000年前後、部活動がより大規模化して、そのあり方は問題であり続けた。これが「学校スリム化」というキーワードと合わせて、運動部活動を学校外に出して再編しようとする論調につながった。スポーツ政策としては、スポーツ振興基本計画の中で、総合型地域スポーツクラブ構想が立ち上がり、2度目の地域移行が試みられた。

　他方、教育政策としては、学習指導要領上で必修クラブが廃止されて、いわゆる「部活代替措置」が崩れた。部活代替措置とは、部活動に参加する生徒は、必

修クラブ活動を履修したと見なしていい、という措置である。だがそもそもの必修クラブが廃止されたため、その履修と無関係になった部活動も無くなるのではないか、部活動は学校外へ出ていくのではないか、と想定された。しかし、やはりこれもうまくいかず、失敗した。なぜか。

まず確認しておくべきは、先ほど挙げた 70 年代の社会体育化の失敗理由が、いくつか引き継がれていることである。たとえば、事故補償制度の不十分さ、学校体育連盟の囲い込みは、ほぼそのまま課題であり続けた。

それらに加えて、さらに大きな失敗理由は、現場にあったと考えられる。先ほど、1970 年代の社会体育化について第 4 の失敗理由として論じた、管理主義的な指導実践の広がりに関連させながら、2000 年前後の現場レベルのリアリティを詳しく検討しよう。

実は 2000 年前後とは、私自身が部活動研究を始めた時期であった。50 年前の 1970 年代に私はまだ生まれていなかったが、私は 2001 年からフィールドワークを開始し、部活動現場のリアリティに触れることになった。

当時を反省的に振り返ると、ウブな学生だった私は、国が部活動を地域に移すと言うのだから、部活動は無くなるんだろう、と無邪気に信じていた。その上で、どのように部活動が学校から無くなっていくのか、いかにして地域へ移行していくのか、をリサーチクエスチョンにして研究を始めた。この研究は大失敗した。現場を歩き回ってみても、部活動は地域へ移行しなかったからである。部活動が維持される文化的慣性が非常に強いことを、現場に行って学んだ。だから、リサーチクエスチョンを変えるべきであって、なぜ部活動が維持されているのかを問い直さなければならない。研究を根本的に再構成するに至った、苦い思い出である。

では、その現場をどう問えば良いか。私は、組織レベルで、保護者がキーパーソンとして台頭していること、そして個人レベルで、部活動は大変だと言いながらも顧問教師が部活動に関わり続けることに注目して、それらを掘り下げることにした。その 2 つの分析について、当時のフィールドワーク経験を歴史化する意図で整理しておきたい。

5. 保護者の台頭と運動部活動改革

私が 2001 年からフィールドワークを開始した公立ヒガシ中学校（仮称）の事

例を紹介しよう。部活動が盛んなよくある学校だが、年度替わりで顧問教師が他の学校へ異動するかどうかが、部の存廃のポイントになっていた。2001年度から2007年度にかけての部活動の存続／廃止の様子を、顧問教師の残留／異動に注目してまとめたのが表1である。

この表から、顧問が残留して部活動が存続するパターンが典型的であることがわかる（創部を除いた全107ケース中の73ケース）。一方で、顧問が異動した部活動に注目すると（29ケース）、それは部活動が廃止されるパターン（7ケース）と、それでも存続されるパターン（22ケース）に、分かれることが読み取れる。

表1　ヒガシ中学校における顧問教師の残留／異動と部活動の存続／廃止

	2001-2002年度	2002-2003年度	2003-2004年度	2004-2005年度	2005-2006年度	2006-2007年度
バスケットボール	○	○	○	○	○	○
ラグビー	○	○	○	○	○	□
野球	○	○	○	○	○	□
男子バレーボール	○	○	○	○	○	●
女子バレーボール	○	○	○	○	○	○
ワンダーフォーゲル	○	○	○	○	○	○
水泳	○	○	○	○	■	—
女子軟式テニス	○	○	○	■	—	—
卓球	○	○	○	□	○	○
剣道	○	○	○	□	□	□
マラソン	○	■				
バドミントン	□	○	○	○	○	○
サッカー	□	○	○	○	○	○
硬式テニス	—	△	■			
文芸	○	○	○	○	□	●
絵画	○	□	○	○	○	○
園芸	○	○	○	○	●	—
百人一首	○	□	○	■		
JRC	○	●	—			
吹奏楽	□	○	□	○	□	○
料理	■	—	—	—	△	○
コンピュータ	■	—				
自然科学	—	—	△	●		
図書ボランティア	—	—	—	△	○	○

（注）中澤（2014、p.230）から引用。表中の記号の意味は次の通り：○（残留・存続）、□（異動・存続）、●（残留・廃止）、■（異動・廃止）、△（創部）、—（なし）。

顧問が異動した時、なぜある部は廃止されて、別の部は存続されるのか。分析の結果、見えてきたのが保護者の影響だった。

　たとえば、2004 － 2005 年度にかけて女子バレーボール部では、顧問が異動して廃部の危機が迫ったが、そこに保護者が登場してきた。女子バレーボール部の保護者たちは存続を強く訴えて、「バレー部の顧問になってくれる方、どなたかいませんか？」「ぜひとも何とかしてください、絶対お願いします」と学校に要望した。さらに保護者たちは、保護者会をあげて部の指導を支援すると申し出て、ママさんバレーボールクラブに参加している母親たちを中心にサポート体制を敷いた。こうした保護者の要望と支援に促されるように、学校も顧問を配置して女子バレーボール部は存続された。

　当時、いわゆる学校・地域・家庭の連携が求められる中で、保護者という存在が、教育問題・部活動問題・スポーツ問題のキーパーソンとして台頭してきていた。運動部活動改革は、上からの政策だけで進まず、現場の力学を無視できない。加えて、学校のみの意思決定でシンプルに動くわけでもなく、学校－保護者関係という文脈が影響を与えていたのである。

6.　顧問教師はなぜ運動部活動へかかわり続けるのか

　次に個人レベルでの顧問教師のかかわりを見てみよう。ヒガシ中では多くの教師が各部の顧問になっていたが、そのかかわり方は多様だった。集中的に調査した 12 名の顧問教師について表 2 に示した。活動に顔を出す程度が「ほとんどなし」の教師もいれば、「半分以上」の教師もいた。指導の関与についても、「ほとんどなし」の教師もいれば、「ほぼすべてに関与」する教師もいた。そして負担感も、「悩んでます」と負担を訴える教師から、「部活を指導したい」とあまり負担に感じていない教師まで、負担感の大小は様々だった。

　たとえば、ラグビー部顧問の B 教諭は、負担に感じることなく自ら主体的に部活動にかかわっていて、いわば積極的な顧問教師と言える。なぜ、そこまで積極的になれるのか。B 教諭に問うと、部活動を「教育的な活動をする場」と捉えて、「教育的効果」を狙っているからだ、と答えた。しかし、客観的に見れば、部活動ではケンカや嫌がらせといった生徒同士のトラブルが生じることもあり、それらへの対応は教師にとって負担であるようにも思えた。だが、B 教諭自身はそうは考えず、生徒同士のトラブルを、「道徳的なことができるチャンス」とポジテ

表2 ヒガシ中学校の顧問教師たち

顧問	年代	性	部活	顔を出す程度	指導の関与	負担感
A教諭	20代	男	サッカー	ほとんどなし	ほとんどなし	「部活でやりがい，ない…やりたくない」
B教諭	30代	男	ラグビー	半分以上	ほぼ全てに関与	「部を残していきたい」
C教諭	30代	男	サッカー	半分未満	ある程度は関与	「子どもが小っちゃいから…大変」
D教諭	30代	男	卓球	半分未満	ある程度は関与	「いっぱいいっぱいですよ」
E教諭	30代	男	ラグビー	半分以上	ある程度は関与	「学校内で部への理解や協力が得づらい」
F教諭	30代	男	ラグビー	半分未満	ほとんどなし	「あんまり行ってないから（負担はない）」
G教諭	30代	女	卓球	ほとんどなし	ほとんどなし	「部をずっと持つつもりはない」
H教諭	30代	女	女子バレーボール	ほとんどなし	ほとんどなし	「（顧問を続けるかは）悩んでますね」
I教諭	40代	男	バスケットボール	半分未満	ある程度は関与	「（学校に）部活を残したい…部活を指導したい」
J教諭	40代	男	男子バレーボール	ほとんどなし	ほとんどなし	「なかなか見れないですから（負担はない）」
K教諭	40代	女	吹奏楽	半分以上	ほぼ全てに関与	「個人的には（活動を）減らしたい」
L教諭	50代	男	サッカー	ほとんどなし	ほとんどなし	「私は何もしてませんから（負担はない）」

（出典）中澤（2014、pp.277-278）から引用。

ィブに意味づけていた。一見すると「トラブル」と思われがちな事態に向き合うことこそが「教育」だ、という解釈である。こうした主観的な解釈があるからこそ、顧問教師は積極的に部活動にかかわり続けていた。

　他方で、ヒガシ中には、負担や困難のために部活動から離れたいとの気持ちを持つ教師も多くいた。「部活でやりがい、ない」というA教諭や、「いっぱいいっぱい」というD教諭など、いわば消極的な顧問教師だ。だが、そうした教師は、部活動から完全に離れることなく、消極的ながら部活動にかかわり続けていた。部活動から離れたいと思いながらも、なぜ部活動をやめないのか、いや、やめられないのか。

　消極的な教師がかかわる理由を分析してみると、たとえば、教師―生徒関係（生徒指導のため、生徒との人間関係づくりのため）、教師―教師関係（校長に頼まれて、同僚に言われて）、職場環境（学校目標や校務分掌に組み込まれているため、人事評価を危惧して）などが影響していた。こうした学校教育が置かれた文脈が、教師をゆるやかに部活動につなぎ止めていたのである。（以上の詳細は、

中澤 2014，2017）

7. 運動部活動と地域移行政策とアカデミズム

　本稿では、現在の地域移行政策の成否を考え直すために、1970年代の社会体育化そして2000年前後の総合型地域クラブ構想が、失敗した理由を見てきた。これら過去の失敗理由はうまく乗り越えられたのか、未だ解決されずに持ち越されているのではないか、再び繰り返し生じてくるのではないか。そうした懸念が拭えない限り、現在の地域移行政策の行方を楽観視することはできない。

　本稿で直接扱えたのは私自身の調査データを元にした分析だったが、他にも人文社会系体育学・スポーツ科学の先行研究は近年、部活動のあり方や地域スポーツとの関係を議論している。その一部を本稿末の文献リストに示した。それら先行研究では、本稿で十分に扱えなかった重要な論点として、たとえば、地域連携の不徹底、教育行政の支援不足、スポーツ推薦入試制度、調査書・内申書との関わりなども議論されている。地域移行の成否に関わるキーワードとして触れておきたい。

　最後に、本稿のテーマである「運動部活動と地域移行政策」にアカデミズムがどう向き合うかを考えてみたい。失敗の歴史を振り返った地点からあらためて問いかけたいのは、1970年代、2000年前後、そして現在、それぞれにアカデミズムがどう向き合ってきたのかを検証しなければならないということだ。

　もちろん、運動部活動を研究しているからといって、必ずしもその現実のあり方に責任を持たねばならないわけではないし、すべてを背負いきれるわけでもない。しかしそれでも、現実と無関係ではありえない。

　一般論として言えば、当然ながら研究者は社会の中に存在するのだから、そもそも現実の問題に無関心でいることは不可能である。また世論やメディアの問いかけに無言を貫くことも、社会的な期待に照らして許されないだろう。

　ただし、現実に無関係ではありえないと言いつつも、研究者やアカデミズムがどんなふうに現実にかかわれるのかは一概には決められない。何をすることが「責任」を果たすことになるのかは、容易には答えられない問題である。

　かつて、人文社会系体育学・スポーツ科学研究者は、スポーツのあり方や政策的方向性をめぐって、政府や行政とのコミュニケーションを遮断し、時として対立的な構えを崩さなかった。「御用学者」と侮蔑的に呼ばれないよう、権威や体

制に真正面から対立しようとした。むしろ対立することこそが、当時の適切な現実への向き合い方であり、研究者の「責任」の取り方だったとも言える。

しかし、対立一辺倒では事態は硬直化して、改善されない。その反省から、対立的に構えることなく、政府や行政とコミュニケーションを取り、政策の立案と実施に積極的に乗り出す研究者も出てきた。と同時に、それを「政策迎合」と批判し警鐘を鳴らす研究者もいる。

たしかに、対立の反対は迎合ではない。ましてや、アカデミズムは政府や行政の下請けではない。それゆえ、ひとまずは、独立した研究者がアカデミズムを自律的に遂行することが重要である、と主張できる。

しかし、そこで話は終わらない。現実に無関係ではあり得ない、という立場を維持することとの両立が問われるからである。おそらく、それを両立させるためには、社会の中にいながら社会から独立する、その重要さを社会がメタ的に是認する、という再帰的なプロセスが求められるのではないか。

本稿は、歴史を振り返るものであり、いま目の前の現実から一歩引いたような内容であった。その内容が直接的に今の政策に役立つとは思われない。だが、広い視野でこれからのユース・スポーツを考えるためには重要ではないか、と考えて本稿を執筆した。

読者にも共感してもらえるかどうか、緊張感を持って反応を待ちたい。なぜなら、そこにこそ、社会の中にいる研究者が社会から独立することで社会に貢献する1つの可能性が賭けられているからである。

[付記] 本稿は、2023 年 8 月 31 日に同志社大学で行われた日本体育・スポーツ・健康学会第 73 回大会シンポジウム「これからのユース・スポーツを考える―運動部活動の地域移行をめぐって―」での中澤報告「地域移行の失敗の歴史―1970 年代の社会体育化と 2000 年前後の総合型クラブ連携を振り返る―」を元にしている。

【文献】
青柳健隆・岡部祐介編（2019）『部活動の論点』旬報社.
内海和雄（1998）『部活動改革』不昧堂出版.
内海和雄（2023）「部活動の地域移行を考える」『広島経済大学研究論集』46（1），pp.1-15.
内田良（2017）『ブラック部活動』東洋館出版社.
内田良編（2021）『部活動の社会学』岩波書店.

海老原修編（2023）「特集 運動部活動の地域移行」『体育の科学』73（4）.

神谷拓（2015）『運動部活動の教育学入門』大修館書店.

佐藤博志・朝倉雅史・内山絵美子・阿部雅子（2019）『ホワイト部活動のすすめ』教育開発研究所.

下竹亮志（2022）『運動部活動の社会学』新評論.

谷口勇一（2014）「部活動と総合型地域スポーツクラブの関係構築動向をめぐる批判的検討」『体育学研究』59（2），pp.559-576.

谷口勇一（2023）「中学校部活動の地域移行動向をめぐる現場のリアリティ」『年報 体育社会学』4，pp.69-81.

中澤篤史（2014）『運動部活動の戦後と現在』青弓社.

中澤篤史（2017）『そろそろ、部活のこれからを話しませんか』大月書店.

中澤篤史（2023）「1970 年代における運動部活動の社会体育化」『体育の科学』73（4），pp.222-227.

中澤篤史編（2023）『現代スポーツ評論 48 〈部活〉の地域移行を考える』創文企画.

仁木幸男（2013）「1970 年代前後における中学校運動部活動の社会体育移行政策」『びわこ学院大学・びわこ学院大学短期大学部研究紀要』5，pp.51-65.

西島央（2022）「『部活動は地域移行するしかない』という『空気』の危うさ」『現代スポーツ評論』47，pp.135-141.

日本体育社会学会編（2024）「特集 学校運動部活動のこれまでとこれから」『年報　体育社会学』5.

酒井真紀子・作野誠一（2023）「運動部活動における学校と地域スポーツ組織との連携に関する研究」『体育学研究』68，pp.531-549.

友添秀則編（2016）『運動部活動の理論と実践』大修館書店.

友添秀則編（2023）『運動部活動から地域スポーツクラブ活動へ』大修館書店.

早稲田スポーツの新施策
—BEYOND 125 プロジェクトとポストコロナを中心に—

石井昌幸
早稲田大学

1. はじめに

4年前（2020年）、本書の発行母体である「スポーツナレッジ研究会」から刊行された論集『これからのスポーツガバナンス』に、筆者は「早稲田スポーツのガバナンス：競技スポーツセンターの活動を中心に」を寄稿した。前年の2019年7月に行なわれた同研究会での発表内容をもとに、早稲田大学体育各部（運動部）に関する基礎事項と、そのガバナンスについて、競技スポーツセンター（以下、センターと略す）所長（注）としての考えをまとめたものである。そのなかで筆者は、「早稲田スポーツにおけるガバナンスの最適解は、その「諸価値（values）」を最大化し、関わるすべての人の「喜び」を個々に最大化することだ」と書いた。（石井、2020）

ところが皮肉なことに、同書が刊行される頃（2020年6月）、筆者はコロナ対応に追われていた。特に4・5月には体育各部の活動を全面停止せざるをえず、「喜び」どころか、「悲しみ」の最大化となったわけである。それから早くも4年が経とうとしている。本稿では、「早稲田スポーツのガバナンス」の続編として、その間にどのような取り組みを行なったかを紹介していきたい。

2. コロナ禍

2020年の年明け以降、日本は本格的な「コロナ禍」に見舞われたわけだが、早稲田スポーツに関して言うと、まず同年2月に、野球部の沖縄キャンプが中止となったのが始まりであった。この決定に向けての協議を、筆者はオーストラリ

アのアデレードからメールや電話で行なった。2月中旬まで、学部学生の短期語学研修の引率で同地に滞在していたためで、出発前にはそのような事態となることは予想していなかった。すでに2月初旬には日本でもクルーズ客船から感染者が出たことなどが報じられており、帰路に乗り換えで立ち寄ったシンガポール国際空港も発熱検査などで物々しい雰囲気となっていたが、このときにはまだ事態の深刻さを実感できていなかった。むしろ、沖縄キャンプ中止を部に要請し、発生する多額のキャンセル料を大学に負担してもらうよう打診したことで、かりにコロナが大事に至らなかった場合の責任を不安に思った記憶がある。

ところが、事態は予想をはるかに上まわって悪い方向に展開した。通常、センターの施策は管理委員会・部長会での決議をもって執行されるわけであるが、対面開催最後となった3月の同会議で、「コロナ関係の判断はセンター所長に一任する」との決議をいただいた。以後、部の活動可否等コロナ関係の案件は、全学の「コロナ対策会議」にセンター所長が諮ることで決定し、管理委員会・部長会に報告するという非常事態となった。

その後、2020年4・5月の2ヶ月間、体育各部の活動を全面的に停止することを決定した。これは文字どおり「断腸の思い」だった。停止期間中、部員たちが自分たちを励ますために、応援歌「紺碧の空」を各部部員がリレーで歌うという動画を作った。これを見たときには、涙が止まらなかった。部の活動を振興する役目であるはずの自分が、それを停止するという状況に苦しんだからである。しかしこの時に、活動再開に向けてのガイドライン作成に取り掛かった。レベルを定め、どのような状況になれば、どの範囲での活動を認めて良いかを表にして対策会議に諮った。そうして6月には、さまざまな制限をつけながらではあるが、体育各部の活動を段階的に再開することができた。

3. 新ロゴ策定と BEYOND 125 プロジェクト

本稿の1つのエポックは、2022年7月11日に大隈講堂にて開催された「早稲田スポーツ125周年記念式典」（後述）である。この式典に至る最初の事業が開始されたのは、体育各部が全面活動停止に入ったのと同じ20年4月のことだった。このときに、現在使用している「体育各部共通ロゴ」（図2）の作成に向けて動き出したのである。以前から、田中愛治総長より、大学の一体感を醸成するような早稲田スポーツの44部共通ロゴを作ってはどうか、という提案をいただいて

いた。しかし、「なぜ、いま」それをする必要があるのか。まずそれを考えるという「宿題」が筆者に課せられた。

センターの書棚には、過去の周年記念誌や年鑑、卒業アルバムなどが並んでいる。その1冊に、「1897年、早稲田スポーツに体育部が設置されたのが、早稲田スポーツの始まりである」とする記載があった。それ以前にも、「早稲田倶楽部」という組織があったのだが、大学の機関としてはこれがスタートであるらしい。だとすると、2年後の2022年に、早稲田スポーツは125年目を迎えることになる。

早稲田大学の創設者大隈重信は、「適当なる摂生」をもってすれば人間は125歳まで生きられるという、「人生125歳説」を唱えた。大隈講堂の時計台の高さは125尺。2007年には創立125周年記念式典を実施していて、早稲田にとって125は特別な数字である。125歳生きた個人はいないようだが、早稲田スポーツは2022年に125歳を迎える。2年後に、コロナ禍は収束しているだろうか。この未曽有の危機を乗り越えて、2年後を新たな125年に向けての始まりの年にできないか。それならいっそのこと、それまでに考えていた様々な施策を全体的なプロジェクトとし、新しいロゴを、そのシンボルと位置づけてはどうか。そのような考えが浮かんだ。

コロナ対応に追われる毎日には、皆が疲弊していた。スポーツに喩えるなら、ディフェンス一辺倒だった。ディフェンスばかりでは嫌になる。攻撃もしたい。「コロナ禍はいつか終わる。終わったとき、すぐに反転攻勢に出られるように、いまから準備しよう」。センターのメンバー全員にそう呼びかけた。

こうして、早稲田スポーツ「BEYOND 125 プロジェクト」(以下、BEYONDと略す)が始まった。理事会でも認められ、大学から予算措置もしていただくことができた。広報課、総務課をはじめ、学内諸各所と連携し、学外有識者の意見なども聞きながら月2〜3回のペースでZOOMにて定例ミーティングを行ない、企画を練り始めた。

まずは「体育各部共通ロゴ」を作ることである。専門家に依頼するか、一般公募にするかを議論し、公募に決まり、2020年9月29日から11月1日にかけて、「体育各部共通ロゴデザインコンテスト」(図1)を行なった。最優秀賞には賞金50万円(1名)、優秀賞には賞金5万円(10名)、賞金総額100万円という一般公募に、じつに491作品の応募があった。これらの作品につき学生・教職員によるオンライン投票を実施。また体育各部実行委員(44部から数名出ている代表者)による選考を経て、12作品に絞った。その上で、総長、稲門体育会会長、外部

委員などを含む「新ロゴ最終選考委員会」を 20 年 12 年 23 日に開催し、最優秀賞 1 作品と、優秀賞 10 作品を決定した。

　3 ヶ月後の 2021 年 3 月 29 日、大隈会館で記者会見を開いた。（図 2）そこで、翌 22 年に早稲田スポーツは発足 125 周年を迎えること、これを記念して中長期スポーツ振興計画「早稲田スポーツ BEYOND 125 プロジェクト」を実施すること、そのシンボルとなる体育各部 44 部共通ロゴを作ったこと、などを発表した。

図1　「体育各部共通ロゴデザインコンテスト」の告知
（https://www.pixiv.net/contest/waseda_athleticclub）

図2　新ロゴと「早稲田スポーツ BEYOND125PJ」発表記者会見
（https://www.waseda.jp/inst/athletic/news/2021/03/30/16898/）

BEYOND では、次の 125 年を「早稲田スポーツ新世紀」と位置づけ、さまざまな施策を通じて体育各部とファンの接点を増やし、学内外の一体感を醸成すること、早稲田大学全体のスポーツ振興やブランド育成を図ること、まずは「マーチャンダイジング」、「クラウドファンディング」、「スポーツギフティング」などのプラットフォームを整備していくこと、などを発表した。

4.　外部資金獲得策

　BEYOND の柱は、外部資金獲得と情報発信力強化とした。まず、外部資金獲得について。現在、早稲田スポーツの財源は、主に 3 つの柱から成っている。（1）

大学からの強化費・補助費・保険負担等、(2)
OB・OGからの会費や寄付金による支援、(3)
部員の自己負担がそれで、44部の総額でみる
と、おおむね3分の1ずつである。これに加え
て、さまざまな外部資金の獲得を4本目の柱と
することを目指す。そのためにまず、マーチャ
ンダイジング、スポーツギフティング、クラウ
ドファンディングの3つを開始した。

**図3　早稲田スポーツ公式オン
ラインストア**
（https://store.wasedasports.jp/ja/）

　1つ目のマーチャンダイジングでは、包括提
携先のアシックス社にご理解をいただきなが
ら、ファナティクス・ジャパン社と契約して
「早稲田スポーツ公式オンラインストア」（図3）
を立ち上げた。同社はアメリカの4大プロスポ
ーツおよびサッカー、NCAAなどの物販を一
手に請け負う「スポーツ界のアマゾン」の日本
法人である。アシックスの独自サイトも存続し、
「早稲田スポーツ公式オンラインストア」でもアシックス社の早稲田スポーツ商
品を購入できる。

　その売り上げの一部が、ロイヤリティとして入ってくる。各部に紐づいた商品
（部のレプリカ・ユニフォームなど）のロイヤルティは、直接その部に入るように
し、その他の商品のロイヤルティはセンターで受けて各種事業に活用するとい
う仕組みが構築された。

　2つ目のスポーツギフティングでは、エンゲート社と提携して体育各部共通プ
ラットフォームを作った。すでに多くの部で、部員がSNSやYouTubeを用いた
情報発信を行なっているが、これをギフティング機能と連動させることで、「投
げ銭（少額の寄付）」をいただくというものである。残念ながら、こちらはあま
り成果が出ていない。

　3つ目はクラウドファンディングであるが、これが最も大きな成果をあげた。
最初に相撲部が、「金星☆プロジェクト」（2021年11月13日〜12月24日）を
行なった。本学相撲部は創部100年を超える伝統を持つが、部員数はマネージャ
ーを含めても毎年10名前後である。これで部員40名を超える強豪校に伍してゆ
くのは至難の業であるが、2020年の全国学生相撲選手権大会では、半世紀ぶり

に団体全国ベスト8を果たしていた。この相撲部が「59年ぶりの団体全国ベスト4進出」を目指して、日々のちゃんこ材料費、栄養補助食品費、合宿費、施設整備、トレーニング器具の購入費用などのための支援金を広く募るというプロジェクトであった。目標金額150万円に対して、194名の皆様から258万8000円（172%）のご寄付をいただくことができた。

約半年後、ラグビー蹴球部が「異彩をまとうプロジェクト」（2022年7月4日〜8月24日）を行なった。株式会社ヘラルボニー（知的障がいのある作家のアートを軸に事業を展開）の理念にラグビー蹴球部が共鳴し、同社が契約する作家が手掛けるアートを使ったラグビーのレプリカジャージ等を返礼品として、強化資金を募るプロジェクトである。こちらは開始2週間余りで目標としていた300万円を達成し、第2目標の500万円も超えて、募集終了日には293名の方から551万円（183%）のご支援を賜った。

続いて応援部が、「角帽復活プロジェクト」（2022年11月14日〜2023年1月12日）を実施した。こちらも第1目標の200万円を早々に達成し、募集終了日には第2目標の300万円を大きく上回る478万1000円（239%）のご寄付を309名の方からいただいた。

しかし、何と言っても競走部の「駅伝強化プロジェクト」（2023年2月13日〜3月31日）（図4）は大きなインパクトを持った。こちらは、第1目標500万円、第2目標1,000万円、第3目標2,000万円と段階的に設定したが、いずれも早々にクリアし、最終的に649名から2,025万円（405%）をいただいた。これには、早稲田駅伝への期待の高さを実感した。

以上、4つのプロジェクトの総計で、33,129,000円のご支援をいただいたことになる。ただし、クラウドファンディングは基本的に1回のプロジェクトのための資金を募るもので、定常的な強化費の捻出には向かない。

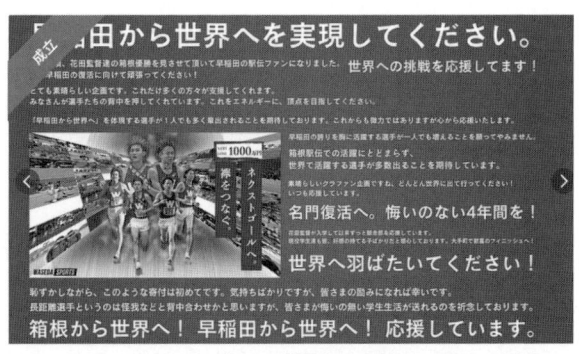

図4　クラウドファンディング「箱根の頂点へ。そして世界へ。早稲田大学競走部　駅伝強化プロジェクト」
（https://readyfor.jp/projects/waseda-ac2023）

　これらの一連の外部資金獲得活動推進と並行して、それに必要な諸々の規約（特に外部との契約関係）を整備したことを付け加えておきたい。センター職員の皆さんの業務ロードとしては、こちらもかなり大変であったと思う。

5. 情報発信力の強化

　次に、情報発信力の強化について。まず、BEYOND のイメージ動画 2 編（「エンジの誇りよ、加速しろ」編、「甦る大隈重信」編）を製作し、リリースした。（図 5）こちらも製作段階から専門業者とのミーティングを何度も繰り返した。ややデータが古いが、2021 年 6 月 7 日時点でスポナビ版の視聴回数は、759,320 回となっている。

図 5　BEYOND のイメージ動画 2 編
（「早稲田スポーツ beyond125 動画」で検索するとヒットする）

　また、学生サークル「早稲田スポーツ新聞会」との連携を強化し、センター Web サイトの情報（https://www.waseda.jp/inst/athletic/）が、かなり充実するようになった。現在、センターでは「早稲田スポーツ新聞会」から 3 名の学生がアルバイト職員として交替で情報発信業務を補助している。

　スポーツナビ（Sportsnavi）と契約して、早稲田スポーツの専用ページを立ち上げた。2021 年 8 月 9 日の時点で、五輪関連の記事 4 本でセンターＨＰ版が合計 2 万 9000PV、スポナビ版は合計 17 万 5000PV を得た。これは大学発信のニュースとしては異例のことで、その後もアクセスは続いた。他に Player！というアプリによる試合予定の告知・結果速報はじめ、インスタグラム、X、Facebook での情報発信も始めたが、こちらのフォロワー数は、まだまだ少ない。

　Web サイト、BEYOND 動画、ポスターをはじめ、現在でもさまざまな所で使われているプロジェクトのキャッチコピー、「エンジの誇りよ、加速しろ。」は、学生たちが考えてくれたものである。それまでセンターでは、筆者の作った「伝統の継承者たれ。未来の創造者たれ。」（英語版の Guardians of our legacy and innovators of the future は、国際教養学部教授で米式蹴球部部長（当時）のグレアム・ロー先生に考えていただいた）というコピーを主に使用していたが、BEYOND 専用のコピーが欲しいと思い、ア式蹴球（サッカー）部のサポーター・サークル、「ウルトラス・ワセダ」のメンバーに筆者から直接依頼した。彼らが応援の際に歌う「チャント」の歌詞がどれも良いので、BEYOND の趣旨と、それに込めた思いを代表者に説明し、「皆が熱くなるような、カッコいいコピーを」とお願いした。1週間で考えて欲しいとの無理な要望だったが、素晴らしいコピーを送ってくれた。大学関係者からは、「エンジの誇りを」ではないのか、との意見もあったが、「エンジの誇り」とは、体育各部の選手たちのことであろう。部員たちに呼びかける文言になっていると考えれば、「エンジの誇りよ」のほうが断然良いと考え、そのまま採用した。

　新ロゴを上から各部に押し付けるような形は避けて、まずはセンターが、各種配布物や印刷物で必ず新ロゴを使用するようにした。また、名刺を 100 枚作成して、体育各部の全監督に配った。共通ロゴをあしらった小さなバッジと体育各部共通ポロシャツを、部長・監督・コーチ・部員全員に配布した。新ロゴ普及という点で言うと、米式蹴球部が、それまで永年使用していた愛着のある部の独自ロゴを、新ロゴに切り替えてくれたことには心から感謝している。最近では、部員たちが新ロゴの着いたポロを着ている姿を見かけることが多くなったし、準硬式野球部は移動用リュックに使用してくれている。新ロゴはまだまだ十分に浸透しているとは言えないかもしれないが、次第に愛着を持たれるようにして、「一体感の醸成」につなげて行きたい。

6.　早稲田スポーツ 125 周年記念式典

　こうして、2022 年 7 月 10 日に「早稲田スポーツ 125 周年記念式典」を大隈講堂にて開催することができた（https://www.waseda.jp/inst/athletic/news/2022/07/11/29592/）。田中愛治総長の熱のこもった挨拶に続いて、来賓として稲門体育会の河野洋平会長と慶應義塾の伊藤公平塾長の祝辞があった。田中総長は空手部出身、伊藤塾長は庭球部出身で、早慶両校のトップがともに運動部出身となるのは史上初である。伊藤塾長の早稲田に対する敬意と友情にあふれたスピーチと、塾生に常々言っているという「祝福される勝者たれ」という言葉は感動的であった。司会はスケート部出身の八木沼純子さんにお願いし、部員 400 名、

一般参加者 200 名が来場、ネットでも 200 名が視聴した。

　記念講演は、ア式蹴球（サッカー）部出身で、元日本代表監督の岡田武史さんに依頼した。筆者から直接、部の大先輩でもある岡田さんにお願いにあがったものである。その際に、「何を話せばいいの？」と聞かれ、「大きな話をしてください」と答えた。「大きな話って？」（岡田）「スポーツと人類とか、スポーツと地球とか、そのくらいのスケールのお話をお願いします。それができるのは岡田さんしかいないと思うんです。」（石井）「わかった。」（岡田）じっさい、内容の打ち合わせは、ほぼそれだけだった。

「スポーツの現在と未来」と題する記念講演は、岡田さんがア式蹴球部に入部するまで、入部後のエピソードに始まり、サッカー選手と会社員生活を両立させた若き日、現役引退から代表監督に抜擢されるまでの経緯へと続いた。ジョホールバルで日本のワールドカップ初出場をかけた試合に臨んだとき、奥様に電話して「負けたらしばらく日本に帰れないかも」と伝えた話。そうして瀬戸際まで追い詰められたときに「遺伝子にスイッチが入った」という言葉は強く印象に残った。

　続いて、日本がワールドカップでベスト 8 以上に進むために必要なこと。「行動」することの大切さ。なぜ、野球どころである愛媛県今治市でサッカー・クラブの事業に関わったのか。自分からアポを取って、市内の小中学校のサッカー指導者全員と会った話。そしていま、FC 今治を通じて何を実現しようとしているのかについての話は、まさに期待どおり、あるいはそれを上回るものだった。（図 6）

　続いて、学生が作成した「写真で振り返る早稲田スポーツ栄光の 125 年」（https://www.youtube.com/watch?v=vmkzGSNY7Iw）が上映された。1887 年から 2022 年までの 125 年間における主要な出来事や体育各部の功績などが、「早稲田の栄光」「Viva Waseda」「コンバットマーチ」などの応援曲メドレーにのって映し出され、最後は「紺碧の空」で、在学生と 2022 年春に卒業した若手選手が、「未来のレジェンド」として紹介された。

　その後、体育各部実行委員

図6　「早稲田スポーツ125周年記念式典」で講演する
　　　岡田武史氏
（https://www.waseda.jp/inst/athletic/news/2022/07/11/29592/）

会、VIVASEDA、早稲田スポーツ新聞会が合同で行なった学生企画「早稲田スポーツクイズ大会」へと移り、体育各部の部員が部の枠を超えて結成したチーム、一般学生チーム、田中総長および筆者ら大学関係者チームも登壇して計9チームが早稲田スポーツにまつわるクイズに挑戦。和気あいあいとした雰囲気で盛り上がった。最後は応援部のリードで校歌斉唱3番が行なわれ、恩藏直人スポーツ振興担当常任理事から閉会の辞があり、「早稲田スポーツ新世紀」の構築を誓って幕を閉じた。

センターでは、「早稲田スポーツ125周年記念誌」（図7）を作成し、早稲田スポーツ新聞会は、この日に合わせて125周年記念誌『44の円陣』（図8）を発行して、参加者全員に配布した。

図7 「早稲田スポーツ125周年記念誌」

コロナ禍の真っ只中で着想してから2年以上を経て、ついに記念式典を実現することができたことは、筆者としても感慨深かった。そして、「BEYOND125プロジェクト」は、UNIVAS AWARDS 2022-23の「スポーツ統括部局/SA賞」部門（大学スポーツ振興

図8 早稲田スポーツ新聞会『44の円陣』（Web版あり）
(https://www.waseda.jp/inst/athletic/news/2022/08/04/30003/)

に関する先進的取り組み事例を表彰する）において、「スポーツ庁長官賞（最優秀賞）」を受賞することができた。

7. 各種行事の再開

コロナ禍で中断ないしはオンライン化していた各種行事も、次第に復活した。毎年3月初旬には、次年度から新たに部を率いる44部の主将と主務が集まり「代表委員（主将・主務）研修会」がある。センター所長、稲門体育会会長の講話、専門家によるリーダー研修のワークショップなどが行なわれる。こちらは23年3月から対面に戻した。

5月後半には「入部式・宣誓式・新人パレード」。午前中は大隈講堂でセンター所長、稲門体育会会長からの祝辞、早稲田アスリートプログラム（WAP）についての説明、各種表彰などが行なわれる。午後は高田馬場から早稲田キャンパスまでを新入部員が各部のユニフォームでパレード。最後に大隈講堂前広場で各部新入部員が整列し、代表者がセンター所長に4年間の健闘を誓う（図9）。筆者も学生時代（40年以上前）に参加した伝統行事であるが、コロナ禍で中断され、22年にキャンパス周辺を歩くのみの縮小開催で再開し、昨年23年に高田馬場から早稲田キャンパスまでに戻すことができた。このときに沿道で見ていた人たちの晴れやかな笑顔、涙を流していた人もいたことが忘れられない。

図9　新人パレードと宣誓式の様子
（https://www.waseda.jp/inst/athletic/news/2022/05/24/27940/）

年に2度、7月と2月には44部の監督・コーチが一堂に会する「監督・コーチサミット」（図10）が開催される。各部指導者の研修と親睦を目的にした行事で、24年2月には前年に早稲田実業高校を全国高校サッカー選手権初出場に導いた森泉武信監督にご講演をいただいた。次回24年7月には、朝日新聞が運営する大学スポーツ情報サイト「4years」の編集長で校友の井上翔太氏をお招きして、「大

学スポーツの魅力とは何か」といったお話をしていただく予定となっている。長く実施できなかった懇親会も行なえるようになったが、以前に比べて2次会の参加者が非常に多くなってきた。特に若い指導者の参加が多いのはうれしい。指導者の「横のつながり」が、かなりできてきたように感じる。

図10 「コーチサミット」では、講演・ワークショップ・テーマディスカッションなどを行なう。
(https://www.waseda.jp/inst/athletic/news/2018/03/15/12047/)

　毎年敬老の日（9月第3月曜日）に行なってきた「早稲田スポーツ・フェスタ in 東伏見」も再開された（図11）。これはいわば「早稲田スポーツ・ファン感謝デー」のようなイベントで、各部の部員が子どもたちに各種スポーツ体験を提供し、飲食ブースなども出て、3連休最終日の家族連れで賑わう。22年度に縮小開催で再開しようとしていたが、この年は台風のために中止。昨23年からフルスペックで再開した。コロナ前は毎年約5000名の来場者があったが、再開後もさっそく推定で4000名の皆様にご来場いただけた。

図11　早稲田スポーツ・フェスタ in 東伏見
(https://www.waseda.jp/inst/weekly/use/2017/07/12/32176/)

このように、多くの行事を対面で再開できた反面、部員向けの WAP 講演会、就職セミナーなどは、オンライン開催を続けている。受講生からオンライン開催の希望が多く、そのほうが参加者も多いためである。

12 月中旬には早慶戦優勝部表彰式、3 月には体育名誉賞・WAP 褒賞・稲門体育会賞など、各賞の表彰式と謝恩会をもって、1 年間の行事が終わる。これらも、ほぼコロナ禍前の状態に戻った。

8. 早慶戦応援ツアーと表彰式

スタジアムでの観戦が可能となってからは、「早慶戦応援ツアー」も開始した。一般学生から参加者を募り、さまざまな早慶戦を観に行く、というものである。野球やラグビーだけでなく、サッカー、バスケットボール、バレーボール、アメリカンフットボール、ラクロスなどなど。毎回 30 名程度を募集し、応援部によるレクチャーなどの事前イベントのあと、試合を観戦する。始めてみて解ったのは、留学生の参加者が多いことである。フィードバック・アンケートを見ると「やっと早稲田の一員になれた気がした」というものが多く、ほとんどが「また行きたい」と回答している。こちらは、学生との企画会議から試合当日の休日出勤でのアテンドまで、担当職員諸氏の尽力に負うところが非常に大きい。

早稲田スポーツにとって、というよりも、早稲田大学にとって、やはり早慶戦はワセダ文化の根幹である。これは慶應義塾にとっても同じであるはずだ。早慶戦では勝つことを「優勝」と呼ぶのだが、慶應は優勝した部には塾長からフランス料理のランチが振る舞われるのだと聞いたことがある。早稲田も数年前から、前出の「早慶戦優勝部表彰式（総長から表彰状の授与と祝辞がある）」のあと、総長招待の立食祝賀会（カレーの会）を開催してきたが、こちらはまだ再開できていない。

なぜ早慶戦がそんなに重要なのかと言うと、それが私たちの「原点」であるからだ。学生スポーツの原点、と言っても良いかもしれない。そもそも学校スポーツの対外試合は、イギリスのイートン対ハロー、オックスフォード対ケンブリッジのボートやクリケットの対抗戦から始まっている。さらに遡ると、スポーツというものの原点は 1 対 1 のマッチレースなのだ。「学生スポーツの原点は対抗戦にある。対等と認め合った者同士が、互いを高めるためにライバルとして競い合い、高め合うところに、その意義がある」と、筆者は「早慶戦優勝部表彰式」の

祝辞でかならず言うようにしている。

　選手たちが懸命に競う姿を学生皆で応援することで、大学の一体感が醸成される。これはワセダの重要な伝統の1つである。多様性、個人の自由を大切にする早稲田大学にあって、皆が共有できるものと言えば、やはり校歌とスポーツであろう。

9. アシックス社との包括提携

　最後に、BEYOND以前からすでに行なわれてきた施策についても紹介しておく。まず、アシックス社との包括提携契約。こちらは変わらず最も重要で、同社はいわば早稲田スポーツのメインスポンサーである。この包括契約を更新するとともに、連携を一層強化していくことをアシックス社と確認した。同社からは、体育各部に対して直接的に多大なご支援をいただいているだけでなく、スポーツ界を盛り上げ、また健康づくりを促進するための、さまざまな共同事業を行なっている。

　次項の「学内各箇所との連携」とも関わるが、一例として「プロフェッショナルズ・ワークショップ（プロプロ）」（図12）をあげておきたい。企業（プロフェッショナル）と早稲田大学が連携し、企業が抱える現実的な課題について、学生チームが解決に取り組む社会連携教育プログラムで、2007年に開始された。全学から学部・研究科・学年を問わず参加者を募集し、夏休みを中心に活動を始め、企業側のご指導の下で学び、最終報告を企業トップに提案する。（『高田馬場経済新聞』2020年10月21日 https://takadanobaba.keizai.biz/headline/529/ を参照。）

　第7回の昨年度（2023）は、「学生のアイデアが商品化！？若者に向けたライセンスグッズを企画しアシックスファンを増やす方法を考えよ！」をテーマに、7～9月に3チーム（各4～5人）がアシックス社員と共に、若者から愛されるマーチャンダイジング施策を

図12　プロフェッショナルズ・ワークショップ
(https://www.waseda.jp/inst/sr/news/2022/06/03/2750/)

考えた。合計9回の報告会が実施され、9月の最終報告会には筆者も昨年に引き続きコメンテイターとして出席したが、どれも高い完成度で驚いた。

　筆者とセンター職員も、同社から多大なご支援をいただいている野球、ラグビー、競走、サッカー、テニスなどの各部の代表者とともに、部ごとにアシックス・ジャパン本社に伺い、意見交換を実施した。提供いただいたウェア等を回収、リユースしてはどうか、といった提案が部から出されるなど、様々な面について活発な議論が行なわれた。

10. 学内各箇所との連携

「プロプロ」の例に見られるように、早稲田スポーツの発展を支えているのはセンターだけではない。スポーツ科学学術院は言うまでもなく、そのほかの学術院、学生部、文化企画部、広報課、キャンパス企画部、総務部、そして総長室など、センターは全学のさまざまな箇所と連携して早稲田スポーツの振興と取り組んでいる。

　コロナ禍前に戻ったと言えば、早稲田スポーツミュージアム（図13）もそうである。こちらは「文化推進部文化企画課」が所管する学内ミュージアムの1つであるが、その運営にはセンターも深く関わってきた。こちらにも、特に入学式、卒業式、ホームカミングデーなどには多くの来場者が戻ってきた。

図13　早稲田スポーツミュージアム
(https://www.waseda.jp/inst/sr/news/2022/10/12/2970/)

　毎年1月に開催している「早稲田駅伝」（図14）も、2年間の中断を挟んで、23年に国立競技場競技場で再開された。「平山郁夫記念ボランティアセンター（WAVOC）」が主催して、東日本大震災の復興支援を目的に始まったチャリティランニングイベントリレーで、競技スポーツセンターと校友会が後援している。体育各部部員、校友、家族連れなどが参加して、トラックで襷をつなぐ。2024年度は日産スタジアムで実施された。

　直近で大きなものとしては、「早稲田スポーツ強化募金」(総長室社会連携課)（図

図 14　早稲田駅伝（WAVOC）

(https://www.waseda.jp/inst/wavoc/news/2023/10/03/13463/)

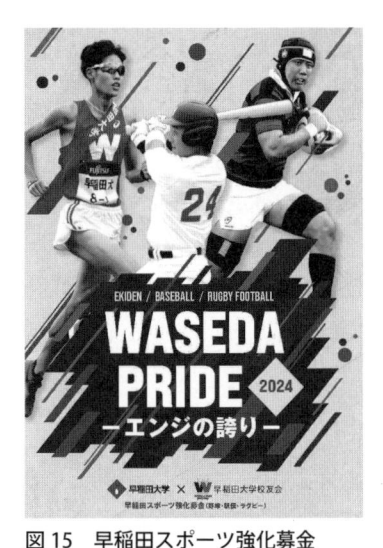

15）があげられる。一般校友の関心がとりわけ高い野球、ラグビー、競走（駅伝）の部員に対して奨学金（学費相当）を給付するための募金で、現在順調に集まっている。返礼品として、共通ロゴをあしらった T シャツや、体育各部徽章と色違いのバッジなどが用意された。

　また、23 年度秋の早慶野球戦では、総長から全学生向けに「皆で神宮へ」という一斉メールが送られた。比較的シニア・ファンが多く、現役学生の動員が課題とされている神宮内野スタンドに、このときには学生諸君の姿が多く見られた。優勝の可能性が残っていたこともあるが、この一斉メールの効果は大きかったと思われる。

図 15　早稲田スポーツ強化募金
（野球・駅伝・ラグビー）

(https://kifu.waseda.jp/contribution/waseda-sports)

おわりに

　体育各部の活動が 2 ヶ月間全面停止となるという未曽有の経験から 4 年あまりを経て、ほとんどの事業が、どうにかコロナ禍以前の水準に戻ったように見える。この間進めてきた施策も、とりあえずスタートを切ることができた。

　いっぽうで、コロナ禍の影響がジャブのように効いてきている面もある。なかでも、学生間で世代を越えて受け継がれてきた伝統が、いったん途絶えてしまったことが大きいと感じる。たとえば春の早慶野球戦。学生にとってそれは、「新歓イベント」の一部であった。サークルへの勧誘行事の一環として、新入生をと

もなって早慶戦の応援に行くという習慣が廃れてしまった。センターの行事でも、新人パレードやスポーツ・フェスタをはじめとする各種年中行事を運営してくれていた「体育各部実行委員」に、そもそもその行事を経験していない部員が大半となった。今年の卒業謝恩会は、参加者が非常に少なく、来年以降の存続が危ぶまれている。先輩から後輩へと口頭で受け継がれていたノウハウが、一度途切れてしまったダメージが、最近になって実感されるようになった。

　冒頭でも触れたとおり、4年前（2020年）、『これからのスポーツガバナンス』に筆者は、「大学スポーツそのものが持っている社会的な諸価値の総体を最大化させ、その魅力を発信することによって、広く社会全体から支援を受けられるようなスキームを構築すること」の必要性を述べた。その取り組みは、まだほんの小さな萌芽であるが、これが花開くかどうかは、今後もどれだけ辛抱強く、大学スポーツの価値を高め、それを社会に発信し続けられるかにかかっているであろう。

（注）早稲田大学体育各部44部を所管する全学組織。筆者は2018年9月〜現在、所長。競技スポーツセンターの概要については、別稿で紹介（石井、2020：101-105）したので、ここでは省略する。

【関連文献】

石井昌幸（2020）「早稲田スポーツのガバナンス：競技スポーツセンターの活動を中心に」、早稲田大学スポーツナレッジ研究会（編）『これからのスポーツガバナンス』, 創文企画, 101 〜 114頁.

石井昌幸（2022）「早稲田スポーツの外部資金獲得策」, 『IDE 現代の高等教育』（No.644. 2022年10月号）41 〜 45頁.

企業スポーツの変化と今後

井上俊也
大妻女子大学

1. はじめに

今後のスポーツ政策を考えるにあたって、スポーツそのものの変化だけではなく、スポーツを行う場所の変化も考えなくてはならないであろう。スポーツを行う場所には学校や、地域クラブ、プロスポーツクラブなどがあるが、その中の1つが企業スポーツと呼ばれる会社のクラブである。

企業スポーツと言っても職場の同好の士が集まって週末にスポーツを行うようなものもあれば、トップアスリートを特別な待遇で受け入れ、業務は免除されているようなケースもある。本稿においては選手がその企業あるいはグループ企業と雇用契約を結んでいるものを企業スポーツと定義する。現在は日本でも雇用形態が多様化しているが、期限の定めのない終身雇用だけではなく、非正規雇用と言われる有期雇用や嘱託も雇用契約を結んでいる。他方、プロ契約は業務委託契約であるため、雇用契約にはならない。社内のクラブから発展した一部のプロスポーツクラブにはクラブの運営会社やその親会社の社員選手が存在するが、トップレベルのプロスポーツクラブの選手はそのほとんどがプロ契約である。

一般のプロスポーツの顧客はファンであろうが、企業スポーツの顧客は社員である。プロスポーツは、ファンのために何をなすか、ということが重要視されるのに対し、企業スポーツはその主体が企業であり、選手を含む社員のために何をなすか、ということが重要なのである。

企業スポーツはこの40年間にその姿を大きく変えてきた。同期間に筆者は企業スポーツに関して「する」「見る」「支える」という3つのかかわり方を経験してきた。これらをもとに今後の企業スポーツの姿について考えてみたい。

2. 3つの企業スポーツの経験

筆者は 1984 年に大学を卒業し、当時の日本電信電話公社（電電公社）、現在の日本電信電話株式会社（NTT）に入社した。初任地の山口県宇部市では山口県リーグ 1 部に所属する地域のクラブチームの宇部クラブに所属したが、入社 2 年目に東京勤務となってからは NTT 東京ラグビー部に入部し、関東社会人リーグ 3 部で戦った。これが筆者の「する」企業スポーツ経験である。

1999 年に NTT は再編成され、NTT 東日本の埼玉支店の企画部長となった。もともとは埼玉支店のサッカー部だった NTT 関東サッカー部が、ちょうどこの時期にプロ化して大宮アルディージャとなり、J2 に参戦した。この大宮アルディージャを様々な形で支援したのが「支える」企業スポーツ経験である。

そして、NTT のスポーツチームとしてラグビーでは NTT 東京ラグビー部をルーツとする浦安 D-Rocks、NTT ドコモラグビー部が生まれ変わったレッドハリケーンズ大阪、サッカーでは大宮アルディージャの試合を見ることが多いが、純粋に「見る」という点では NTT 社内の野球部、現在は NTT 東日本と NTT 西日本の野球部の観戦の興奮には及ばない。入社以来 40 年経過し、退職者となった現在も「見る」企業スポーツ経験は継続している。

3. NTT の経営形態、組織、人事

NTT の企業スポーツを語るにあたり、読者の理解を助けるために、NTT 自身の大きな経営形態の変更である 1985 年の民営化と 1999 年の再編成、それに伴う組織と人事という事業運営について簡単に紹介する。

まず、1870 年の電信創業以来、電信電話サービスの提供主体は国であったが、1952 年に当時の電気通信省から分離して公共企業体である電電公社が発足した。1985 年には民営化し、NTT となった。1999 年には再編成し、持株会社制度の枠組みの中で、NTT（持株会社）、NTT 東日本、NTT 西日本、NTT コミュニケーションズという体制となった。

また、これと並行して、1987 年には現在の NTT データ、1991 年には現在の NTT ドコモが分離し、2022 年には NTT ドコモが NTT コミュニケーションズを子会社化している。

社会的には公社が株式会社になった1985年の民営化のインパクトは大きいが、1999年の再編成における社内の組織の再構築は社内的には大きな影響があった。

　電電公社の発足以来、1999年の再編成までNTTの社内組織は4段階で構成され、それが順次にスリム化されていった。1. 本社、2.11のブロックごとに存在した電気通信局（民営化後は総支社と改称）、3. ほぼ県単位に存在した電気通信部（民営化後は支社、支店と改称）、4. 全国津々浦々に存在した電報電話局（民営化後は支店と改称し、その後は組織としては廃止）という4段階の組織構成である。

　大規模な官僚組織であり、許認可が必要であることから本社の力の強さはあるが、事業運営の中心は2. の電気通信局／総支社である。ほとんどの社員はいずれかの電気通信局／総支社以下の組織に所属しており、本社の社員であっても必ず電気通信局／総支社の組織での勤務経験がある。

　少数の本社採用者（1987年入社が最後）を除くと、採用は電気通信局／総支社が行い、人事異動も採用された電気通信局／総支社管内と本社に基本的に限定される。都市対抗野球大会に出場していた電電東京やNTT九州というチームは電気通信局／総支社のチームである。

　現在はNTT東日本、NTT西日本などの事業会社ごとの採用であるが、1999年の再編成までNTTでは電気通信局／総支社単位の採用であった。また、1980年代半ばまでは高卒の採用が中心であった。採用において、都市部と地方部では状況が異なる。地域手当などは存在したが、全国同一賃金であるため、地方部では他社に比べて給与水準が高いので、採用には苦労しない。逆に、市場が大きく、労働力を必要とする都市部では、他社に比べて給与水準が低いため、採用に苦労する。このギャップを埋めるために、東京や関東などの都市部の電気通信局／総支社の採用担当は地方でリクルート活動を行うことになる。

4.　NTT東京ラグビー部から浦安D-Rocksへ

　筆者が入社して最初に関与した企業スポーツがNTT東京ラグビー部である。1977年にラグビー経験者の幹部の赴任により、電電東京ラグビー部として発足し、筆者の在籍した1980年代後半は関東社会人リーグ3部に所属していた。当時は全国区のトップリーグや東日本リーグは存在しなかったため、トップから3番目のリーグであった。メンバーの多くは地方の工業高校の出身者であった。これは前項で述べたリクルートの結果によるものであるが、いわゆるラグビー強豪

校が多く、メンバーの半数は花園経験者であった。社内的には特認サークルという位置づけで、単なる同好会よりは優遇されていたが、練習は週末のみ、ノー残業デーの水曜日は定時終了後に社内施設で筋トレ、メンバーの勤務場所も分散しており、関東3部にとどまっていたが、高校時代に厳しい練習を経験したメンバーは楽しくラグビーをプレーしていた。NTTではラグビー愛好者の幹部が、赴任地でチームを創設したこともあり、1980年代には社内に20を超えるチームがあり、年に1回、一堂に会してNTT全国ラグビー大会が開催されていた。この大会は現在も継続しており2023年に第45回大会を迎えた。当時は4部制で行われ、NTT東京ラグビー部は1部に所属していたが、他の1部チームは有力大学の卒業生を採用し、職場も集中させ、寮生活を送り、練習環境も恵まれており、NTT東京ラグビー部は1部の最下位争いを続けていた。

　そのNTT東京ラグビー部に転機が訪れたのが1999年の再編成であった。1996年に再編成の方針が出されてから、3年近い猶予期間に、NTTは会社を単純に4つに分けるのではなく、事業を再構築すべく、組織を見直した。この議論の中でスポーツクラブも対象となった。それまでの総支社／電気通信局単位のチームではなく、会社としてのチームとし、シンボルチームとして競技力のあるチームに再編成することになった。それまで11の総支社ごとにあった野球部はNTT東日本野球部とNTT西日本野球部の2つのドリームチームとなった。他方、シンボルチーム以外は同好会、クラブチームとなったが、自然淘汰されることになる。

　NTT東京ラグビー部はNTT関東ラグビー部と合併し、NTT東日本ラグビー部となった。シンボルチームではなかったが、関東社会人リーグ1部に昇格、当時は東日本社会人リーグがトップレベルであったため、2部相当になる。そして2003年に全国リーグであるトップリーグが発足してからは2部相当のトップイーストリーグ10に所属し、トップリーグに挑戦し続けた。2007年にはNTT東日本からNTTコミュニケーションズに移管された。NTT東日本のシンボルチームは野球、バドミントン、ボートという日本代表クラスの選手を抱える団体競技の部に加え、テニス、スキーなどの個別認定選手と多岐にわたるため、バランスをとるためにシンボルチームのなかったNTTコミュニケーションズにラグビー部を移管したのである。NTTコミュニケーションズのコーポレートロゴマークからチームの愛称がシャイニングアークスとなり、ジャージの色もコーポレートカラーのコバルトブルーとゴールデンイエローになる。選手強化と練習環境の整備は2010年にトップリーグ昇格として結実する。

他方、大阪を本拠地とする NTT ドコモも力を蓄え、2011 年にトップリーグに昇格した。そしてトップリーグが 2022 年にプロリーグのリーグワンとなった時に、NTT コミュニケーションズも NTT ドコモも 1 部に相当する D1 に参戦したが、シーズン中に両チームの再編成が発表され、プロ選手は NTT のラグビー事業会社の運営する浦安 D-Rocks（NTT コミュニケーションズの後継）、社員選手は NTT ドコモの後継となるレッドハリケーンズ大阪に所属することなり、人事異動が行われた。2022 年シーズンは両チームとも不振で、NTT コミュニケーションズは入替戦で D2 に降格、NTT ドコモは特例で D3 に降格することになった。

　2022-23 シーズン、浦安 D-Rocks はレギュラーシーズンで全勝したが、入替戦で敗れ、D2 に残留する。他方、レッドハリケーンズ人阪は D3 で優勝し、入替戦でも勝利して D2 に昇格する。2024 年 2 月 3 日と 3 月 3 日には弱すぎたプロチームの浦安 D-Rocks と強すぎた社員チームのレッドハリケーンズ大阪の NTT ダービーが行われ、2 試合とも浦安 D-Rocks が勝利した。

　この一連の歴史を振り返ると、ラグビー経験者が就職後もラグビーをプレーする、あるいは経験者が未経験者にルールや技術を OJT ばりに教え込んで 15 人そろえて試合をする、ラグビー（スポーツ）を通じて、心身を鍛錬するとともに、人格を形成し、社会人として成長していく場とする、といった時代は過ぎ去った。

　最先端の IT テクノロジーを駆使した練習環境を整え、強豪大学や外国のプロチームから選手をスカウトし、試合には職場から多くの社員が応援に繰り出す時代になり、ラグビー部はラグビー部員だけのものではなく、会社全体のものとなった。企業スポーツはチャンピオンスポーツとしてエリートアスリートの集まる場となり、企業の目的を達成することになる。企業スポーツの選手がエリート中心になっていくのは NTT のラグビー部だけの現象ではなく、近年の企業スポーツの姿であろう。このプロセスにおいて、部を統廃合し、選手やスタッフである社員の転籍、転勤などの身分移動を行うに至った。しかしながら、このエリートアスリートだけ集まったチームも休廃部という憂き目にあうことも少なくないのが実情である。

　筆者は自身がプレーしたクラブが成長し、後輩たちの試合を秩父宮や花園のスタンドから観戦する幸運に恵まれたが、同時代に関東社会人 3 部で楕円球を追ったプレーヤーの多くは、自らの最終楕円球歴となるチームが消滅してしまったケースが多いのではないだろうか。ここに企業スポーツの課題があると考える。

5. NTT 関東サッカー部から大宮アルディージャへ

　大宮アルディージャは NTT の再編成の前年の 1998 年に NTT のグループ会社として運営会社の NTT スポーツコミュニティ株式会社が発足、1999 年からプロチームとして J リーグに所属している。このクラブの歴史を紐解くと、1968 年に埼玉県内（埼玉電気通信部管内）の電報電話局などを集めて電電埼玉サッカー大会を開催、その選抜チームが電電埼玉サッカー部となり、関東電気通信局管内のメンバーも加えて 1969 年に電電関東サッカー部となった。クラブの誕生の経緯はイングランドのマンチェスター・ユナイテッドと似ている。

　1987 年には日本サッカーリーグ 2 部に入るが、J リーグ発足時は参加せず、JFL に所属する。当時の NTT 埼玉支店の近くにある駒場競技場を拠点に活動していたが、J リーグ発足後はこれを浦和レッズに譲る。

　NTT の再編成を検討している中で NTT 関東サッカー部は NTT 東日本のシンボルチーム構想から外れ、これがプロ化の要因の 1 つとなった。また、J リーグ発足時に唯一経営母体を持たなかった清水エスパルスに NTT は出資していたが、1997 年に清水エスパルスが経営危機を迎え、営業権を新たな企業に譲渡した際に、NTT は清水エスパルスに出資しなかった。NTT のサッカークラブのみに出資できる環境もプロ化の遠因となった。なお、1999 年には東京ガスも FC 東京として J2 に参入、この 2 つが企業チームのプロ化の最後と言えるが、企業のトップがプロ化を推進した東京ガスとは大きく異なり、大宮アルディージャは「会社の事情」で生まれたプロサッカークラブである。

　筆者は再編成直後の 1999 年 9 月から NTT 東日本の埼玉支店企画部長を務めた。企画部の所掌範囲にはグループ企業の支援もあり、大宮アルディージャの運営会社の NTT スポーツコミュニティ株式会社も該当する。小所帯のグループ企業である NTT スポーツコミュニティに対する経営指導、経営支援などを行ったが、大宮アルディージャの入場料収入などの事業収入だけで運営することは不可能であり、メインの出資者である NTT 東日本からのスポンサー料に依存していた。NTT スポーツコミュニティの親会社である NTT 東日本からのスポンサー料はグループ会社間の取引に相当し、取締役の利益相反や自己取引といった会計上の制約が課せられており、当時からニューヨーク証券取引証券所に上場していた NTT の場合、他社よりも厳しい目で見られることになった。

親会社に依存するプロスポーツクラブに対する社会の目は厳しいが、親会社の経営、グループ企業運営という観点からもプロスポーツクラブに対する社内や投資家の目も厳しい。そのように社内外から厳しい視線を浴びながらもグループ企業である大宮アルディージャを支えたのである。

　NTT 関東サッカー部は埼玉支店にあったコストセンターであったが、大宮アルディージャはグループ企業の NTT スポーツコミュニティ株式会社というプロフィットセンターとなったが、NTT という企業から見るとその支出の内訳は大きく変化した。

　NTT 関東サッカー部時代の NTT の支出は社員である選手の人件費、サッカーチームの運営費以外にいわゆる応援団に関わる費用が発生した。試合のチケットを会社が負担して社員に福利厚生の一環として配布するものである。応援グッズも会社が準備したものを来場者に配布し、場合によっては応援に出かける社員の交通費や飲食費も負担するという社員を顧客とする企業スポーツならではの支出は小さくはない。

　一方、大宮アルディージャを運営する NTT スポーツコミュニティは独立した株式会社であるが、実際には NTT 東日本等の NTT グループの企業からのスポンサーシップが収入の大きな柱である。NTT 東日本は大宮アルディージャの発足後も継続して支出が続き、NTT 東日本から見れば大宮アルディージャも実質的にコストセンターである。その支出の名目であるが、選手の人件費、チームの運営費、応援団費用ではなく、広告宣伝費となり、選手の人件費、チームの運営費はアマチュア時代に比べるとはるかに大きくなる。他方、応援団に関する費用は大きく絞られる。大宮アルディージャの顧客は NTT 社員ではなくファン（もちろんその中には NTT 社員も多いが）であり、ファンは自らの財布からチケットを購入することになる。

　NTT 関東サッカー部時代は社員は応援の費用は会社が負担、「サッカー応援はタダ」という意識、そして職場の社員を「おらが仲間」という意識で応援していた。それがプロ化して大宮アルディージャとなると、応援の費用は高額化し、自己負担となる。高い金まで払って見に行きたくない、となるのは当然の帰結である。また、プロ化当初はプロ選手に交じって社員選手もおり、社員選手は仲間、という意識で職場の仲間が応援する光景も見られた。このような状況で企画部長として社員に応援を呼びかけ、ホームゲームのチケットを購入してもらい、大宮公園サッカー場（現在の NACK5 スタジアム大宮）に足を運んでもらうことも仕

事の一つであった。

　大宮アルディージャは今でも親会社離れしていないクラブと指摘されるが、Ｊリーグの中でアマチュア時代の主体企業が不在となりながら維持しているクラブは少数派である。正しいかどうか、Ｊリーグの理念に合致しているかどうかは別として、親会社の持続的な関与がクラブを 25 年間維持させてきたことは間違いない事実である。

　もともとは同好の士の集まりであった電電関東サッカー部は、ほぼ 30 年経ったところで大宮アルディージャというプロのクラブとなる。それ以来 25 年、ついに 2024 年は J3 でプレーしている。1991 年まで行われた日本サッカーリーグ（1 部、2 部）に所属したチームで初めて J3 でプレーするチームとなった。

　4 章で取り上げた NTT 東京ラグビー部（浦安 D-Rocks）の事例と同様、当初は職場の同好の士の集まりの集団だったが、会社の強化策、プロ化への決断を経て、大きく姿を変えた。両方とも日本のトップのリーグで上位に食い込んだことは評価できる。

　ただ、企業スポーツの枠の中にいる以上、意思決定は企業の意思決定である。企業活動においてガバナンスが機能しており、それを支える仕組みも構築されているが、企業スポーツ、すなわち社内の部活動に関して社会的なガバナンスが機能していたかどうかについては疑問が残る。すなわち、スポーツ好きの幹部が赴任先で部を立ち上げる、一見イギリス人が世界の港町にサッカーを伝えたのと似ているが、港町にできたサッカークラブは自律的にクラブを運営してきた。また、合併や統合したサッカークラブは多数あるが、その意思決定が自治体の合併という他動的なものもあるだろうが、多くはクラブ同士自身の対話によるものであろう。このように企業スポーツにおけるクラブ自身のオートノミーの欠如こそが、課題ではないだろうか。企業スポーツの流れはエリート化、そしてプロ化あるいは地域クラブ化である。プロ化、地域クラブ化という「会社の外」に放り出された時に独立したクラブとしてオートノミーを持ちうるか、という問いに対し、スポーツを持続維持するという観点では、会社の中で企業スポーツとして維持し続けるということも間違っていないであろう。

6.　都市対抗野球大会と NTT

　3 つ目に取り上げるのが NTT 社内の野球チームである。従業員数 33 万人の

NTT グループには多くの職域の野球チームが存在するかもしれないが、本稿では都市対抗野球大会（以下、都市対抗）等に出場する日本野球連盟に所属のチームを取り上げる。

　現在は都市対抗に東京都代表 NTT 東日本と大阪市代表 NTT 西日本が出場しているが、1999 年の再編成までは総支社／電気通信局単位の広島市代表 NTT 中国や松山市代表電電四国というチームが出場していた。

　社会人野球にとって最も伝統のある大会が 1927 年に始まった都市対抗である。NTT 勢の初出場は 1955 年の第 26 回大会の電電富山である。このチームは電気通信局ではなく、電気通信部のチームの出場であったが、これ以降は全国に 11 ある電気通信局／総支社単位のチームのみが本大会に出場している。当初は四国電気通信局、電電近畿などチーム名も区々であったが、電電○○に統一した。チーム名の統一だけではなく、すべての社員が都市対抗レベルのチームのある組織に関与している、という点は NTT の特異な点であり、社員の熱狂の源泉となっているのである。

　電電公社時代から NTT 再編成の 1999 年までの電気通信局／総支社単位のチームの都市対抗の出場回数は表 1 のとおりであり、1985 年に民営化してから 1999 年の再編成まで優勝をしていない。

　1999 年に NTT は再編成し、県間通信は NTT コミュニケーションズ、県内通信は NTT 東日本と NTT 西日本に分かれたが、野球チームは逆に NTT 東日本（東京、関東、信越、東北、北海道）と NTT 西日本（東海、北陸、関西、中国、四国、九州）の 2 チームに統合されることになった。ただ、各地域からの要望もあり、統合後もクラブチームとして存続したものもある。

　1999 年の再編成後は NTT 東日本は 18 回出場し、2017 年の第 88 回大会で優勝、NTT 西日本は 20 回出場している。それ以外のクラブ化したチームは信越硬式野球クラブ（旧 NTT 信越）が 10 回、NTT 西日本中国野球クラブ（旧 NTT 中国）と NTT 北海道がそれぞれ 1 回本大会に出場したが、次々に廃部していった。

　ラグビー、サッカーに当事者として関与して

表 1　NTT 再編成までの通信局／総支社ごとの都市対抗出場回数

通信局／総支社	出場回数
東京	28
関東	17
信越	14
東海	20
北陸	14
近畿／関西	14
中国	10
四国	21
九州	18
東北	17
北海道	15

いた筆者には「隣の芝生が青く見える」のかもしれないが、野球は別格である。全国規模での採用を行い、人事面、業務面でも待遇されている。

　ノンプロという最近では使用されなくなった表現が妙を得ており、シーズン中は業務も軽減され、多くの時間をグラウンドで過ごし、野球に専念しているという点では「プロ」であるが、野球で報酬を得ているわけでないのでプロに「ノン」という接頭語がつく。

　近年の企業スポーツでは様々な雇用体系が存在するが、NTT 野球部の選手に関しては社員であり、特定の部署に野球部員を集中して配置しているのではなく、職場は分散させている。それぞれの職場で現役引退後に社業に専念できる環境を整え、野球部 OB は社内でも評価が高く、多くが管理職になっている。

　野球の世界でも多くのプロ野球選手を輩出しているが、NTT 社員の誇りはそこではない。社員である野球部 OB は週末になれば地域の少年野球チームの指導や運営にあたり、それがきっかけとなって商談が成立することもある。また、高校野球の地方大会や本大会では多くの野球部 OB が解説者を務めている。さらに大学野球に多くの指導者がいることは特筆すべきであり、野球の普及と強化に果たしている役割は大きい。

　このように部員が引退後に社内外で活躍する野球部に対する社内の支援体制も充実している。野球部後援会があり、都市対抗出場ともなれば、あっという間に募金が集まる。再編成前には全国各地から複数のチームが出場（最多は 1974 年、1975 年、1988 年の 7 チーム）し、都市対抗開幕直前には東京入りした選手を本社の社員食堂に招いてチームごとに壮行会が行われ、その地域出身の社員が一堂に会し、ふるさとの言葉で熱く期待を語りあう。

　試合になれば、1 万人から多い時は 2 万人の社員やその家族が東京ドームに駆け付け応援する。今や球場でしか歌われなくなった社歌を歌い、試合終了のエール交換の後には社長などの幹部のあいさつがあり、スタンドに一つもゴミが残らないように清掃してから退場し、東京ドーム周辺の飲食店では祝勝会または反省会という名の第二試合が始まる。

　この社員の熱狂を支えているのが、3 章で示した NTT の組織と人事である。再編成までは社員はいずれかの電気通信局／総支社単位の採用と人事であった。そして 11 存在した電気通信局／総支社はいずれも野球チームを持ち、そのすべてが常連チームであった。三菱グループや日本製鉄（新日鉄、住友金属）、JR（国鉄）も複数のチームが本大会に出場しているが、それらの企業の全社員の所属組

織が都市対抗に出場する可能性のあるチームを有しているわけではない。NTT の場合、全社員が「おらがチーム」が都市対抗出場の可能性を有し、11 チーム体制だった再編成前でもその半分くらいは出場していたのである（表 2、表 3）。J リーグで言えば、すべての自治体に J リーグのクラブがあり、そのすべてが 2 年に 1 回くらいは J1 で戦っているようなものである。SDGs 的に言えば「誰一人取り残さない」構図が熱狂を生むのである。

　そして主催者側、会社側もその熱狂を支える仕組みを準備している。都市対抗の試合日程は他のスポーツイベントに比べて早期に決定する。これは会社関係者の日程を早期に調整するためである。会社の幹部のスケジュールを確保したり、同期会をこの試合日程に合わせたり、職場単位で観戦したりするためにも、早期の日程決定はありがたい。異様に早い日程決定はテレビ中継やチケットセールスという理由もあるかもしれないが、出場する会社のためにもある。さらに、都市対抗には応援団コンクールがあり、応援すること自体もコンペティションである。

　都市対抗には特別シードという制度があり、これは観客数をコミットメントしたチーム（会社）が夜間や土日という観戦しやすい日程で試合を行う制度である。通常のノックアウト方式の組み合わせの場合、組み合わせ表の左あるいは上から順に試合が行われるが、都市対抗の場合は、観客動員が期待できる首都圏のチームや大企業のチームの試合が土日や夜間に行われるため、試合順が入り組んでいる。この特別シードを支えているのがチーム券である。これは出場する会社が社員等に配布するために主催者からまとめてチケットを買い取るものである。したがって、5 章でとりあげた大宮アルディージャの前身である NTT 関東サッカー部の事例であるように、社員は負担なしに観戦することができる。

表 2　NTT 再編成までの都市対抗出場チーム数

1955 年	1
1956 年	1
1957 年	0
1958 年	2
1959 年	2
1960 年	0
1961 年	1
1962 年	2
1963 年	1
1964 年	4
1965 年	5
1966 年	4
1967 年	5
1968 年	3
1969 年	4
1970 年	3
1971 年	5
1972 年	6
1973 年	5
1974 年	7
1975 年	7
1976 年	4
1977 年	5
1978 年	3
1979 年	4
1980 年	4
1981 年	5
1982 年	6
1983 年	4
1984 年	6
1985 年	6
1986 年	5
1987 年	6
1988 年	7
1989 年	6
1990 年	5
1991 年	4
1992 年	6
1993 年	4
1994 年	6
1995 年	2
1996 年	5
1997 年	4
1998 年	6
1999 年	4

5. 企業スポーツの変化と今後

表3 NTT再編成後のNTT東日本・西日本ならびにクラブチームの出場状況

年	東日本	西日本	クラブチーム（出場数）
2000年	予選敗退	予選敗退	
2001年	予選敗退	予選敗退	1
2002年	出場	出場	
2003年	出場	出場	2
2004年	出場	出場	2
2005年	出場	予選敗退	
2006年	予選敗退	出場	
2007年	予選敗退	出場	1
2008年	予選敗退	出場	
2009年	出場	出場	1
2010年	出場	出場	
2011年	出場	出場	
2012年	出場	出場	
2013年	出場	出場	
2014年	出場	予選敗退	1
2015年	予選敗退	出場	
2016年	出場	出場	1
2017年	出場	出場	
2018年	出場	出場	1
2019年	出場	出場	1
2020年	出場	出場	
2021年	出場	出場	
2022年	出場	出場	
2023年	予選敗退	出場	
2024年	出場	出場	

さらに応援グッズも配布され、ドリンクチケットや東京ドーム商品券が配られることもある。そして、臨時列車を運行させて、応援団を輸送する。交通費を会社が負担することもある。

プロスポーツの場合、強ければ強いほど儲かるが、企業スポーツの場合は強ければ強いほど金がかかるのである。

社会人野球は産業構造の変化により、出場チームは新陳代謝しているが、登録数は減少の一途である。

社会人野球は新興チームは広報宣伝のツールとして、NTTのような伝統企業は社内の士気高揚、一体感の醸成のツールとしてコストをかけている。そして地域クラブ化は実質的な撤退であることはNTT再編成時に各地方に残ったクラブチームの歴史が示している。伝統的な雇用を維持できる会社のみが社会人野球を支えていくことができる。

ただし、NTTも再編以降はIT業界の大きな変化の中で、野球チームのある地域通信事業を担うNTT東日本、NTT西日本のグループ内における相対的な事業規模は小さくなり、グループ内においてはNTTドコモやNTTデータなど「野球チームのない組織」の方が多数派となっている。

そして、独立リーグ、NPBのファーム新球団、NPBの育成選手制度、登録部員数が年々増加する大学野球など、NPB12球団の一軍に次ぐ存在は多様化して

おり、選手の確保という点でも社会人野球は転換期を迎えている。

7. おわりに

NTT における筆者の「する」「支える」「見る」企業スポーツ経験を綴ってきたが、この 40 年間に企業スポーツの変化を身をもって感じる。まず、同好の士が楽しむ、社員の福利厚生としての企業スポーツではなく、エリートアスリートがその企業の持つ最先端のマネジメントの元に恵まれた環境でチャンピオンシップを目指すようになったことである。競技力の向上という点では後者が望ましいことに間違いはない。

かつては会社の施設や設備を利用してスポーツができるということは福利厚生の一環であった。そして会社の仲間とともにスポーツを共にすることは人事労務管理上でも大きな価値があった。現在では、社内の施設で他の社員とともにスポーツをする機会を社員に与える、というのは福利厚生としては優先順位が下がっているであろう。企業における福利厚生のメニューも多様化している。

ただし、花園経験者のラグビーエリートが楽しそうに楕円球を追い、練習の合間に「今の仕事は高校時代のラグビーと同じ」とつぶやいた一言は今でも脳裏に焼き付いている。

スポーツは元来ポジティブなイメージを有し、それを企業は活用してきた。社内の施設でスポーツをする機会を社員に与えるという福利厚生としての立場から、1964 年の東京五輪のあたりから会社の広告宣伝のツールとしての重点が置かれる。それが 1990 年代のバブル崩壊まで続いた。

一方、1980 年代から企業がポジティブなイメージを持つスポーツを広告宣伝のツールとして使用するチャンスが拡大した。それは、練習環境を整えてアスリート社員を雇用するという企業スポーツを自前で保有するのではなく、大会への冠協賛、ユニフォーム等への広告の掲出など、それまでよりも広い範囲でかつ短期的な支出でスポーツを広告宣伝に活用することができるようになった。サッカーを通じて広告宣伝するために自前でサッカーチームを立ち上げようとしていたトステム株式会社（現在の株式会社 LIXIL）は、J リーグの発足とともに鹿島アントラーズの胸スポンサーになり、スポーツを活用して広告宣伝することができた。現在も鹿島アントラーズのユニフォームの胸には LIXIL の文字が並ぶ。

それでは、現在、自前で企業スポーツを持つ意義はどこにあるのか。それは、

同じ会社のトップアスリートのプレーを職場の仲間とともに応援することによる、社内の士気高揚、社内の一体感の醸成にあるだろう。初期の企業スポーツは、社員にスポーツの機会を与える、スポーツを通じて心身を鍛えるという人事労務管理であった。それが現在、同じ人事労務管理を目的としながらも、個人主義の進展、多様な価値観と働き方という動きの中で社内の士気高揚、一体感の醸成に使われており、「企業スポーツの顧客は社員」という意味合いは強くなった。

ただ、この流れにはJリーグをはじめとするプロスポーツの貢献が存在する。企業スポーツのアンチテーゼとしてJリーグが誕生し、当初の10チームは30年間で60にまで広がった。それはスポーツで豊かな社会を作りたい、ということに各地の人々が賛同したことを意味している。

しかし、6章で示した都市対抗の試合終了後の東京ドーム周辺の飲食店の光景はJリーグの試合後の周囲の飲食店と変わらない。飲食店で終電まで語り合う姿はウェルビーイングの実現、Jリーグの理念の1つの「豊かなスポーツ文化」がそこにはある。しかし、この豊かさは日本全体から見ればごく少数の特定の会社関係者しか享受できないことが問題もある。それをより多くの人が享受できるようにする取り組みがJリーグの百年構想であると理解している。

また、Jリーグの発足時と比較して企業の社会貢献活動も活発になった。企業スポーツだから社会貢献、地域貢献ができないというわけではない。逆に先進的な企業ほど社会貢献活動は盛んであり、企業スポーツがその一翼を担っている事例は枚挙にいとまがない。

企業スポーツの明日がプロ化、地域クラブ化であるならば、その次のあさってはない。なぜならば、それはプロクラブや地域クラブの明日でしかないからだ。

これまでの企業スポーツは企業の変化に追随してその姿を変えてきた。企業の将来像の中で企業スポーツの将来像が描かれる。あさっての姿を描いている企業が果たしてどれだけ存在しているだろうか。

6

スポーツ取材、今昔

武智幸徳
日本経済新聞社

スポーツ取材について何かを語るとしたら、自分の体験に基づくのが一番確かなことに思える。40年にわたってスポーツの現場で私が見聞きしたことが、誰かのために、何かのために役に立つかと問われたら自信はあまりないが、スポーツの世界の一つの裏話として肩肘張らずに読んでいただければそれで十分である。単なる懐旧談になるかもしれないが、しばしの間、お付き合いいただきたい。

今も在籍する日本経済新聞社に私が入社したのは 1984 年だった。新人として運動部に配属されて以来、人事異動がつきもののこの世界で、ありがたいことに好きなスポーツの取材にずっと携わってこられた。

もともとスポーツは「する」のも「見る」のも子供の頃から好きだった。読書も趣味だったので、そこに新聞のスポーツ面を中心に「読む」という行為も加わった。兄の影響でサッカーに目覚め、テレビ東京の伝説のサッカー番組『ダイヤモンドサッカー』を見るようになり、1974 年のワールドカップ（W 杯）で優勝した西ドイツ代表（現ドイツ代表）に魅了されると、中学生のころから『イレブン』というサッカー雑誌も精読するようになった。

余談ながら、中学 2 年の時に『イレブン』に「全日本の中盤について」という拙文を投稿したら掲載された。ストライカーの釜本邦茂さんは確かにすごい、しかし、中盤のゲームメーカーの森孝慈さんも同じくらい重要だという内容だった。原稿料代わりに西ドイツ代表の左足の芸術家ウォルフガング・オベラートの生写真が送られてきた。その写真は今も大事に持っている。

スポーツを書くことに興味を持ったという意味では 80 年 4 月に文芸春秋から創刊されたスポーツ雑誌『ナンバー』の影響も大きかった。その頃に読んだ沢木耕太郎さんの『敗れざる者たち』という書籍にも強く感化された。子供の頃からボクシングが大好きで、テレビ中継された世界タイトルマッチはほとんど見てきた。その中で涙が出るほど感激した試合に輪島功一対柳済斗のリターンマッチ（76

年2月）があった。沢木さんはその書籍の中で絶対に勝てないと思われた王者柳に15回KO勝ちした輪島さんが、どうやって試合に臨み、勝利をもぎとったかを本人に密着しながら克明に書き込んでいた。自分が涙した試合の裏側にこんな話があったのかと心を大きく揺さぶられ、スポーツを取材し描くことがすごくやりがいのあることに思えたのだった。

大学4年生の秋になってマスコミの採用試験を受けた。日経新聞の最終面接で「ウチで何がしたい？」と聞かれて「御社の新聞はスポーツ面が一番面白い。できることなら運動部で働きたい」と答えた。就職活動を始めてから日経新聞を読むようになったが、他紙に比べてスポーツ面はコンパクトながらウイットに富んだコラムや鋭い分析記事が載っており、私としては正直に答えたつもりだった。

経済報道に重心を置いている媒体の性格上、そんなことを面接で希望する人間は当時珍しかったのだろう。面接官から「スポーツ取材がしたいならスポーツ新聞に行けばいい」と言われた。実際にスポーツ新聞の採用試験も受けていたので「受けています」とこれも正直に答えた。そんなやり取りが吉凶どちらに出るのか、皆目見当はつかなかったが、面接の翌日くらいに内定の知らせが届いた。新入社員の希望をかなえるほど会社は甘くないと思っていたが、驚いたことに新人研修を終えると運動部に配属された。幸運な記者生活の始まりだった。

運動部の一員になると、当時は「アマチュアスポーツの総本山」と称された日本体育協会（現日本スポーツ協会）の記者クラブに送り込まれた。当時の記者クラブは東京・原宿の岸記念体育会館内にあり、陸上や水泳、サッカー、バレーボールなど各競技団体の事務局もその建物の中に集まっていた。体協記者クラブに常駐しながら日体協や日本オリンピック委員会（JOC）の会議を取材したり、バレーボールやサッカーなどのアマチュア競技をカバーしたりして、記者としての基礎トレーニングを積むことになった。

これは後になって気づくことだが、私が記者になった84年はスポーツ界にとってエポックメイキングな年だった。その象徴的な出来事が「初の民営化五輪」と言われたオリンピック・ロサンゼルス大会だった。サッカーやテニスなど一部の競技限定ながら、プロ選手の参加を公に認めた五輪としても知られる。

オリンピックにプロ選手が出るのは当然、商業主義にも頭までどっぷり浸かっている今となっては「五輪の民営化」「五輪のオープン化」と言われても、当たり前すぎてピンと来ないかもしれない。しかし、80年モスクワ大会までのオリンピックは公金に頼った国家的なプロジェクトとして行われるのが常だった。一

方で収入になるものは限られ、それゆえに巨大な財政赤字を開催都市に負わせることがあり、76年のモントリオール大会で大赤字が出た後は招致することに二の足を踏む、不人気なイベントに成り果てていた。

その流れを大きく変えたのがロサンゼルス大会だった。旅行会社を経営する実業家で、後に米大リーグのコミッショナーにもなるピーター・ユベロス氏が組織委員会のトップに就くと、公金を使わずに大会を大成功させた。施設は既存のものを使い回してコストを抑える一方、ロゴマーク等を使った権利ビジネスや破格の放送権料をテコに大きな黒字を生み出した。今の高度にビジネス化したオリンピックの祖型をつくったわけである。

そのインパクトは強烈だった。特に「五輪はアマチュアスポーツの祭典」と信じ、金銭を求めてプレーするプロは「堕落した存在」というアマチュアリズムを信奉する人がまだ多くいた日本のスポーツ界に与えた衝撃は大きかった。まさに「黒船襲来」のようなものだった。日体協の記者クラブに詰めていた私は、この日本のスポーツの転換期に取材を通して立ち会うことができた。

ありがたかったのは、そんな混迷の時代に羅針盤になるような見識のある取材対象がスポーツ団体にそろっていたことだ。日本サッカー協会には68年メキシコ五輪銅メダルチーム監督の長沼健さんがいた。その盟友で『ダイヤモンドサッカー』の解説でおなじみの岡野俊一郎さんはJOCの総務主事。日本バレーボール協会の松平康隆さんは72年ミュンヘン五輪金メダルチームの監督で、アマチュアスポーツの"開国"に積極的な改革派だった。日本水泳連盟の古橋広之進さんは「フジヤマのトビウオ」として敗戦後の日本に光明をもたらした、まさにレジェンド。卓球の大選手だった国際派の荻村伊智朗さんしかり……。

どなたもスポーツに対して、自分が打ち込んできた競技に対して、確固たる信念や哲学を持った人ばかり。そういう人たちの謦咳に接しながら取材と称してタダでスポーツのなんたるかを学ばせてもらった。体協は私にとって最高の"学校"だったわけである。

駆け出しの頃、最も苦労したのは、やはり原稿である。翌日の紙面構成を考え、大量の原稿に目を通しては出稿する「デスク」と呼ばれる上司に、恐る恐る提出した原稿が原型をとどめることはまずなかった。

「新人が書いた原稿は読みもせずにそのままゴミ箱行き。理由も言わずに"書き直して来い"と言われる」

当時の新聞社は、この程度の指導は当たり前だと聞かされていたが、私はそん

な理不尽な扱いを受けたことは一度もない。代わりに赤いペンを片手に持ったデスクに徹底的に質問攻めにされた。『プレバト』というテレビ番組で俳人の夏井いつき先生が、書いた本人に質問しながらその場で俳句を添削し改良していくけれど、まさにあんな感じ。私の答えを聞きながら「だったらこう書いた方が伝わりやすい」と赤字をどんどん入れていく。

　デスクの質問に答えられないと、取材が甘いか考えが浅いことになる。このマンツーマンの指導は確実に取材と原稿の不備を突いて、私を打ちのめした。すべての作業が終わると、デスクの添削で真っ赤になった原稿用紙をきちんと私が清書する。パソコンはおろかワープロもない時代。この「清書」という手書きの行為は記事の書き方を身の内に取り込む上で有効だったと今にして思う。

　最初の1、2年はずっとこんなことの繰り返しだった。スポーツ記者としての原則やマナーのようなものもこの時期にたたき込まれた。例えば試合の原稿なら「記事を書くときは常にテレビを意識しろ」と。テレビの画面に映らなかったこと、テレビでアナウンサーや解説者が語らなかったことを書くようにと。今なにかと話題の「ルッキズム」（そんな言葉は当時なかったが）についても「論外だ」と厳しく指導された。

「かわいいとか美人とか、そんなことは競技に一切関係ない。絶対に書くな」

　私が、なんとかまともな原稿を書けるようになったのは、記者に成り立ての頃の周りの諸先輩の、こうした懇切丁寧な指導のおかげだったと今も感謝している。

　入社してすぐの84年5月にサッカーのジャパンカップの紹介記事を初めて署名で書いた。アイルランド代表、中国代表、フランスのツールーズ、ブラジルのインテルナショナルを日本代表と日本ユニバーシアード代表が迎え撃つという、今の時代ではあり得ない顔合わせの大会だった。文末に（武智記者）と書かれた紙面を見た時はさすがに感激した。

　同期の連中からは「もう署名記事を書いたのか」とうらやましがられた。同期で一番早かったかもしれない。ただし、これは私の能力とは何の関係もないことだった。スポーツ面の記事には厳正中立というより、書き手の主観がどうしても入りこむものがある。そういうものは署名を入れた方が違和感なく読めると考えられていた。そういう意味でスポーツ面の立ち位置は新聞の中で独特だった。

　それが今では新聞紙面のあちらこちらで署名記事を見かけるようになった。私はこれを紙面の「スポーツ面化」と勝手に呼んでいる。通り一遍の記事ではなく、記者が深く掘り下げた記事を読みたいという読者のニーズに沿った結果、文責の

所在を明らかにする意味も含めて、署名記事がどんどん増えているのだと思う。コレクティブな作業が新聞製作のベースであることに変わりはないけれど、集団の中に「個」を埋没させてはいけないというような考えも時代の要請としてあるのかもしれない。

それはさておき、初の署名記事に感激し、調子に乗って書いた次の原稿が、その後の私の記者生活の方向性を定めることになった。6月に「日本サッカーリーグの中間報告」という体で書いた記事である。見出しは「笛吹きすぎて選手踊らず」「格闘技宣言空回り」という刺激的？なものだった。

出稿の段階から実はデスクとぶつかった。その時のデスクは原稿の中に「審判の笛の数が問題になっている」という記述があるのが気に入らない様子。大阪生まれのベテラン野球記者でもあるその大先輩は「カンテキ会というのがあるのを知っているか？」と私に質問してきた。

カンテキとは関西方面では七輪で食べる焼き肉のことらしい。そのデスクの説明では関西のラグビー界は年末かなにかに協会、チーム関係者や審判や記者らが一堂に集まり、カンテキを囲みながら"みそぎ"をするらしい。いろいろ不満のある判定もあったかもしれないけれど、みんなで肉を食べて酒を飲んで、きれいさっぱり水に流そうやと。

「そもそもアマチュアの審判に頼んで来てもらって、わざわざ笛を吹いてもらっているんやろ。それに文句をつけてどないすんねん！」とデスク。

「でも本当にレフェリーのレベルが低く、笛がピーピー鳴って試合に水を差すことが多いんです。このまま放っておいていいのかどうか」と私。

そうやって粘るうちにデスクはそのまま原稿を通してくれた。

翌日、会社に電話がかかってきた。日本サッカーリーグ（JSL）事務局長の木之本興三氏（後のJリーグ専務理事）からだった。

受話器の向こうの木之本氏は不機嫌な様子で、東京・神田の小川町にあったJSLの事務局に「すぐに来てよ」と呼び出された。この年、JSLは往年の名ストライカー、釜本邦茂さんのヌードポスターに「格闘技宣言」なるキャッチコピーをつけて、JSL人気の盛り上げを狙ったプロモーションを展開していた。そこに私の「格闘技禁止宣言？」なんて見出しのついた記事が載ったものだから、気分を害したことは予想がついた。

「大学の体育会でサッカーをやってないような若造が、偉そうに試合を語っているんじゃねーよ！」

　東京教育大（現筑波大）サッカー部 OB の木之本氏はそんな小言で口火を切ると、次に私を諭し始めた。こちらが話の本筋だった。

「タケチさんに期待しているのは、こんなピッチの中の細かい話じゃないんだよ。そういうことは他の誰かに任せておけばいいんじゃないか？　あなたには日経の記者らしい、あなたにしか書けない記事があるはずだよ」

「例えば、JSL に参加しているような企業チームの社長さんは、みんな、日経新聞を読んでいる。そういう人たちに JSL が抱えている問題に目を向けてもらえるような、その結果として JSL が少しでも良くなるような記事を書いてほしいんだよ」

　最初は何を言われるのかと身構えていたけれど、聞いているうちに「なるほどな」と納得する部分があった。そして二つのことを頭に思い浮かべた。一つは、これからはピッチの外のマネジメントサイドの構造的な問題に目を向けていくということ。もう一つは、いわゆる木之本氏のような「サッカーをずっとやって来た」という専門家をギャフンと言わせるような試合の原稿を書くこと。ピッチの中と外、二つのことをきっちりやっていこうと決心したのだった。

　木之本氏との距離はそんなやり取りがあったことで逆に一気に縮まった。木之本氏が後半生の目標に日本サッカーのプロ化を定めていることを知ると、それを応援したいと思うようになった。JSL に関わる有志が日本サッカーをプロ化するために始めた地下活動のような勉強会の末席も汚すようになった。そうした水滴のような動きが、93 年の J リーグ発足という大河にまでつながるとは夢にも思わずに。

　84 年のロサンゼルス五輪がスポーツ界にとって大きなターニングポイントになったことは先に触れた。サッカーやテニスにプロ選手が条件つきとはいえ出場し、米国陸上界のスーパースター、カール・ルイスはテレビのコマーシャルに出演して大金を稼いだ。金メダルという栄誉がマネーという実利をもたらし、「君はプロなのか、それともアマチュアなのか？」という問いに「アスリートだ」と答えることも一般化していく。アマかプロかなんて議論はもはやナンセンスであり、五輪はプロもアマも問わず、とにかくトップアスリートが競う舞台なのだと。

　そうやって「アマチュアスポーツの祭典」と言われたオリンピックですら高度に専業化（プロ化）し、ビジネス化へと突き進む世界的な潮流と、木之本氏に言われたことが私の中で「本当に目を向けて、変えていかなければならないことは何？」という形で、いつしか自然にシンクロするようになった。

日経新聞ではその頃、年末になるとその年を象徴する横串のテーマを持ってきて連載企画を載せることが恒例になっていた。冬はプロ野球などがオフシーズンに入り、ネタが冬枯れになるので、そこを連載で埋める事情もあった。84 年の年末企画の横断テーマは「プロアマ混とん」だった。私はプロボクサーの浜田剛史さんや国際オリンピック委員会（IOC）の副会長だった清川正二さん、JOC 総務主事の岡野俊一郎さんらを取材して、アマチュアのようなプロ、プロのようなアマチュアがいろいろな世界にいて、もはや両者の間にきれいな境界線を引くことは不可能になっている様子を伝えた。

　85 年の年末企画のテーマは「スポーツビジネス最前線」。スポーツイベントやスタジアムの安全管理で急成長を遂げる警備会社やカール・ルイスをいち早く日本の CM に登場させた女性の話を私は担当した。86 年の「企業とスポーツ」では NEC がテニスのデビスカップのスポンサーになったことで得られたメリットを伝えた。

　日本でもサッカーの「トヨタカップ」のように企業名がついたスポーツイベントを「冠大会」と呼んで、その広告価値や宣伝効果の大きさが喧伝されるようになっていた。一方で、そういう冠大会の呼称をそのまま使わず、企業名をあえて外した形で伝えるメディアもあった。そういうことが私には不思議に思えて仕方がなかった。

　スポーツイベントの開催にはカネがかかる。その資金を冠スポンサーから協賛金として集め、有名なチームや選手を呼ぶ。競技団体にとっては競技力向上、スポンサーには知名度や企業イメージのアップにつながり、ファンはトップレベルの技に酔える。まさに三方よしの関係。それをちゃっかり取材しておきながら冠名は使いたくないとは、いったいどういう了見なのか？　その頃の私にはどうしても理解ができなかった。

　今ならスポーツをマネタイズすることが、ただちに「悪」と断罪されることはない。当時はそうではなかった。清貧なアマチュアリズムをよしとしたい気持ちは競技団体の側にもメディアの側にも一部あり、どこか奥歯に物が挟まったような感じがあった（あくまでも個人的な感想です）。大手メディアには日本のアマチュアスポーツを長く後援してきた歴史がある。新聞とテレビが競技団体と一緒になって競技や大会を育ててきたという自負もある。それが逆に枷になっているように私の目には映った。世の趨勢がプロ化へと向かっているのは分かっているけれど、そうは簡単にそちらには行けない、みたいな。

その点、私は気楽な立場だった。駆け出しの世間知らずの記者らしく「王様は裸ですよね？」と無邪気に言えた。「いつまでアマチュアリズムに拘泥しているのか？」「マネジメントサイドも選手もプロ化していかないとダメでしょう」と説くことに抵抗がなかった。学生スポーツとプロスポーツの中間に位置する企業スポーツのウエートも高まっていた。そんな企業スポーツをうまく変革していくことは日本のスポーツの発展に必要なこと。日本サッカーのプロ化はその試金石になる。そんなことも少しずつ理解できるようになっていた。

85年3月、北朝鮮とのサッカーW杯メキシコ大会アジア予選が国立競技場で行われた。入社2年目の私は、この試合のメイン原稿を書かせてもらった。私の力量が認められたというより、2年目の記者にメイン原稿を任せても問題ないくらいサッカーの代表戦のステータスは低かったということだろう。この試合、雨でできた水たまりのせいでパスが止まり、ボールに追いつけたFW原博実さんの先制点が決勝点になる幸運に恵まれた。このアジア最終予選は最後の戦いで韓国に2連敗し、メキシコ行きのチケットを逃すことになった。この敗戦も日本サッカーのプロ化を真剣に考える動力になった。

日本のサッカーをなんとかしたいという姿勢は取材相手にも伝わるもので、86年4月に私が書いた記事は日本サッカー協会が「スペシャルライセンスプレーヤー」という名のプロ登録を認めるという、いわゆる特ダネになった。長年ドイツのブンデスリーガで活躍した奥寺康彦さんが帰国して日本リーグでプレーすることを望んでいると知った時から、ニュースとして追い続けた結果だった。どう考えても、奥寺さんをアマチュアとして登録するのは愚の骨頂だった。それで協会幹部を日参しては「この際、日本サッカー協会もプロ登録枠を設けないと変ですよね」なんて話をし、そういう方向に進む感触をつかんだのだった。

結果的に日本協会は奥寺さんと当時日産自動車（後の横浜F・マリノス）のエースだった木村和司さんをJSL初のプロ選手として認定。個人のプロ化の公認を一歩目に、リーグ全体のプロ化へとゆっくり踏み出したのだった。

87年あたりからの流れは急で、自分が書いた記事を読み返してもサッカーのプロ化が加速していく様子がうかがえる。87年に書いた「曲がり角の日本リーグ」では「企業内リーグ」の限界を指摘。88年の「スポーツ＆マネー」ではJSLではプロ登録以外の選手にも勝利ボーナスが支給されるようになった実態と、そんなことをしながら生涯賃金を払い続けるより、チーム自体をプロ化した方が経費的に会社にもメリットがあるという小倉純二・古河電工サッカー部長（後の国際

サッカー連盟理事）の言葉を紹介した。89年2月の「プロリーグ創設でカツ！」
ではW杯日本招致とプロリーグ化がクルマの両輪に成りうることを示した。希
望と不安の両方を抱えながら、書く側も書かれる側も一緒になって大きな夢を追
いかけているような、そんな時代の空気だった。

　私にとって84年からの10年間は記者生活の大切な礎になった気がしている。
社外にも素晴らしい先輩記者がいて、私を陶冶してくれた。サッカーならサンケ
イスポーツの賀川浩さんを筆頭に読売新聞の牛木素吉郎さん、朝日新聞の中条一
雄さん、毎日新聞の荒井祥行さん、東京新聞の財徳健治さんらそうそうたる記者
がいた。昭和のサッカーの生き字引のような人たちで、折に触れて聴かせてくれ
る話が楽しくて仕方なかった。当時は今のようにサッカーに関する書籍が氾濫し
ていたわけではなく、インターネットで簡単に検索できる時代でもなかった。昔
のことを知りたければ当時を知る人に聞くのが最も有効な方法だった。そういう
耳学問の相手として素晴らしい先生がそろっていた。

　93年にプロサッカーリーグのJリーグが誕生し、プロ野球、大相撲、ゴルフ、
競馬に続くプロスポーツとしてサッカーがアマチュアの枠からスピンオフしたの
も幸運だった。おかげで長いスパンでサッカーの取材に携わることができた。

　取材環境の変化を敏感に感じることができたのも、サッカーの世界にいたおか
げかもしれない。Jリーグ誕生以前、取材現場にいたのは新聞記者とサッカー雑
誌の記者で、フリーのライターは数えるほどだった。それでもJリーグは設立段
階からオープンな取材体制を構想し、書き手の新規参入を促すような制度設計を
した。Jリーグが発足して爆発的なブームを呼ぶと、実際に新たなフリーの書き
手が大量に増え、インターネットの登場はその変化に拍車をかけた。Jリーグの
バブル的な人気がはじけた後も優秀な書き手は生き残り、ネットメディア中心に
活躍している。長年の蓄積を生かした彼らの専門性は高い。

　一方、マスメディアの側は部署や担当競技の変更などの人事異動は避けられず、
専門性を磨いて「さあ、これから」というところで担当から外れたりする。オー
プンな競争で何を武器にするのか。既存のマスメディアの側はよくよく考える必
要があるだろう。

　インターネットの出現は選手の意識も変えた。サッカー界でそのトップランナ
ーといえば、90年代後半から2000年代前半にかけて時代の寵児となった日本代
表の中田英寿さんだろう。中田さんは自分の公式サイトを持ち、自分の考えはそ
こで発信するというアクションを取った走りだったように思う。今の選手はその

発信手段が SNS（交流サイト）を含めてさらに多様になり、文字、映像、ありとあらゆるものを取り混ぜた形で広がっている。

その中で記者の仕事にとって「厄介だな」と思うのが、チームが自ら情報発信するオウンドメディアを持つようになったことだ。日本サッカー協会なら「JFA—TV」がそれに当たる。その中の「Team Cam」という代表チームに密着したカメラ映像はネットでも簡単に見られるけれど、チームの内側に居ないと映せない情報ばかりで、選手の素に近い表情を「面白いな〜」と私も興味深く見ている。「こんなものがどんどん出てきたら、そのうち我々の出る幕はなくなってしまうのではないか」と心配しながら。

ただし、オウンドメディアが本当の意味でのニュースメディアかというと、そこに抵抗はある。既存のニュースメディアの側からすると、我々とオウンドメディアとの間には大きな川が流れているというか。オウンドメディアは、あくまでもチームや選手のイメージアップやPRを目的に精選した情報を流すものだろう。裏返せば、自分たちにとって都合の悪いもの、不適切なもの、つまり隠したいことが露出されることはない。

ニュースメディアはその点、取材対象にとって都合が良い悪いに関係なく、社会やニュースの受け手にとって必要と思われることを書く。川を挟んで「あちら側」と「こちら側」では立つ場所が違うのである。チームの裏側を見せてくれるオウンドメディアの価値は認めながら、ニュースメディアが追うべき裏側は別にあるように感じる。その裏の違いを常に肝に銘じながら、こちらはこちら側のやり方で仕事をするしかないのだろう。

これからスポーツの存在感は全世界規模でますます大きくなることが予想される。「する」でも「見る」でも、スポーツには自分が人間であることを実感させてくれる機会がふんだんに盛り込まれている。人工知能（AI）を始めとする先端技術が人々の生活にどんどん入りこみ、機械の指示どおりに動くような生活にどっぷりつかるようになればなるほど、喜怒哀楽を刺激し人間性を回復させるスポーツの存在意義は余計に高まる気がしている。経済的な側面から見ても、一大産業としてさらなる発展を遂げていくのではないだろうか。

そういう状況に報じる側は、特にテキストで報じる側はどう対応していくのか。スポーツを「読む」という行為は今後どれだけ真剣に求められるのか。読者のニーズはどう変わっていくのか。実際のところ、私にはよく分からない。仮にニーズのありかが分かったとしても、それにただ応えているだけでいいのか、という

疑問もある。

　例えば、私が「最近なんか目につくな」と感じるのは“こだま”のようなネットの記事である。日本のチームや選手の活躍が絶賛されているという見出しに釣られて読み始めると、試合を見て感激したファンのSNS上の投稿を引用し羅列し、適当な感想をつけて紹介しただけの記事だったりする。匿名の誰かが叫んだ「すごい」「やばい」といった賛辞がこだまのように反響し、みんなで確かめ合って気持ち良くなるみたいな。

　別にそういう記事を全否定する気はないのだが、個人的に居心地がどうもよろしくない。

　対戦相手の軽視も気になることの一つ。93年にJリーグがスタートし、98年フランス大会からW杯出場の常連になり、海外でプレーする選手も増えるにつれて、日本サッカーの国際的な番付は上がった。しかし、それと反比例して対戦相手への関心は薄れるようになった気がするのである。勝っても負けても、褒めるにしてもくさすにしても、紙面を埋めるのは日本のチームと選手のことばかり。関心の矢印は常に自分たちに向けられ、相手のことは申し訳程度にしか記事化されない。空気かサンドバッグのように。24年1月のアジア・カップで日本はベスト8で敗れ、アジア勢に対する選手の油断、慢心が指摘されたけれど、対戦相手を軽視する空気づくりにメディアの側も一役買っているように思えてならない。

　運動部に新人として配属された後、当時の編集局幹部に呼ばれて励まされた。「運動部になったからといって落ち込むなよ」と。私は希望がかなって喜んでいたのに、その人は「日経に入ったのに運動部に配属されてガッカリしているのだろう」と勘違いしたのだ。ただ、その人はこういう助言も送ってくれた。「ニューヨーク・タイムズにジェームス・レストンという高名な政治コラムニストがいる。彼は記者としてスポーツ取材を経験したことが、その後の仕事に役立ったと語っている。なぜならスポーツ取材には入念な事前取材、試合の観察、事後の分析、そして締め切りを意識した執筆という記者に必要な要素がすべて詰まっているからだ」

　私を励まそうとして、かなり盛った話かもしれないし、真偽のほども定かではないが、今も妙に胸に残っているのは確かなことだ。この助言を思い出す度に、どんな時代になっても、取材環境がどう変わろうとも、記者としてやるべきことは大筋のところで変わらないと思える。

　私が感じるスポーツ取材の醍醐味とは、未知と既知に関係なく、いろいろな人に会って、対話を重ねながら蒙を啓かれて、世のため人のためになるような気づきを得て、それを1人でも多くの人に一刻でも早く伝えたいと感じる瞬間にある。ゲームを見ていても同じように触発される瞬間がある。その感覚を取材される側と共有できたらなおいい。

「三人寄れば文殊の知恵」ではないけれど、一人で考えるより二人、二人で考えるより三人で考えた方が結論ありきではない、どこに答えが転がっていくか分からない面白さがある。サッカーも1人でやるリフティングより、2人でパスを交わす方が楽しいし、3人になると、もっと複雑な楽しみ方ができる。取材もこれに似ている。

　人は誰でも自問自答しながら生きている。が、自分の中で自分とパスを交換しても堂々巡りに陥りやすい。そこに3人目としての他者を入れてみることで、対話しながら自分の考えが整理できたり、新たな視点が獲得されて霧が晴れるように視界が開けたりすることがある。取材において、その他者にあたるのが記者だと思っている。

　アスリートの中には口が重い選手がいる。そもそもスポーツを言語化するのは非常に難しい作業で、言語化できないことを身体で表現しているともいえる。そういう選手の語り（あるいは語れないこと）を文字にするのは、通訳や翻訳の作業に近いと思っている。それがうまくできると、記事を読んだ選手から「自分が言いたかったのは、まさにこれ」と感謝される。そういうパス交換が成立すると、記者として自分が役に立てたことがうれしくなる。

　早晩、生成AIを利用してニュースを制作したり、生成AIを悪用した巧妙なフェイクニュースが大量に氾濫したりする時代が訪れるのだろう。それがスポーツ取材にどんな影響を及ぼすのか見当もつかない。AIが立派に選手と質疑応答するなんて時代は案外すぐそこまで来ているのかも知れない。それでも、記者が優れた他者として存在し、人と人との間を言葉というパスで高い精度でつなげる限り、その存在意義は簡単に薄れないと思っている。

英国プロサッカー界における
ファイナンスの新潮流

西崎信男
早稲田大学スポーツビジネス研究所

1. 初めに

　2022 年 2 月に J リーグのクラブの上場が解禁と発表されるなど、日本でもサッカークラブのファイナンス（資金調達）に脚光が浴びている。 1993 年の J リーグ開幕以降、クラブの株式上場を制度的に不可能としていたリーグ規約の存在により、これまでクラブが上場した事例はない。しかし今回のクラブ経営に関する規制緩和により、今後上場を目指すクラブが現れるかが注目される。

　しかし現状クラブの資金調達手段は責任企業など特定の相手先への「第三者割当増資」もしくは「金融機関からの借入」が大半を占めている（デロイト2023）。上場自体は経営内容の開示が前提で、クラブの収益性の確保、さらには株式の流動性が上場のハードルとなるので簡単ではない。ちなみに欧州のトップクラブでも上場を果たしたクラブは多くはない。機関投資家が売買できるという意味での株式の流動性の見地からすると実質的にクラブ株式の上場といえるのは、ニューヨーク証券取引所に上場している英マンチェスター・ユナイテッド（以下 MUFC）だけではないだろうか。

　クラブの資金調達に注目が集まるのは上場だけではない。サッカーが放映権、スポンサーシップ、移籍金等の高騰で収入が激増する一方、支払い方法も多様化しており、サッカー界独自のキャッシュフローから収支均衡をさせるための各種資金調達方法が生み出されてきている。

　円滑な資金の調達がなければ、クラブの持続的成長は望めない。本稿では、今世界のサッカー界で起こっているファイナンス（資金調達）の新潮流にスポットを当てて、ファイナンスの課題とそれを解決する各種商品の誕生の意義等につい

てまとめてみたい。本稿では、クラブの資本取引（資金の外部取引）であるLBO（レバレッジド・バイアウト）[*注1]とクラブの損益取引（営業に係る取引）である売掛債権ファイナンス[*注2]に分けて、全般を鳥瞰してみたい。テーマがファイナンスの最先端にかかわり煩雑になるため、基本的な事項に絞って進めたい。

[*注1]：LBO：企業を買収したのち、一定期間の間に企業価値を高め、第三者への売却や株式公開などにより投資資金を回収して、売却益を得ること（笹山他（2008）p.13）

[*注2]：売掛債権ファイナンス：プロスポーツクラブの収入と支出を均衡させるための短期資金調達

2. 背景

　プロスポーツが米国のみならず世界的にエンターテインメントとして評価され（企業価値倍率[*注3]が急拡大）、投資ニーズが拡大してきている。そのため世界のメジャースポーツでは、クラブの企業価値（enterprise value）が急拡大している（下図1）。以前より、米国ではプロスポーツは「ビジネス」として評価されていたが、欧州では「スポーツ」としての評価が中心で「ビジネス」としての評価が小さかった経緯があった。その流れが大きく変わったのである。その変化が、クラブ買収資金、短期運転資金及び長期設備資金の調達のニーズの高まりにより、新たな調達方法を生み出している。

　短期資金調達の方法は銀行等金融機関の伝統的な事業分野であるが、ここでも金融革新が進展している。それとは別に注目されているのが、企業買収（M&A）の分野である。クラブの企業価値急拡大に誘われて、クラブ買収案件が増えている。象徴的な案件は、2005年の米国投資家グレイザー氏による英MUFC買収であり、そこで活用された方法が米国ではよく使用されるLBOである。クラブをサポーターのもの、地域のものとするサポーターと、ビジネスと考えるグレイザー氏の対立が始まったのである。

　それ以降、数々のクラブの買収が観られる。その理由は

（1）投資対象としてのプロスポーツビジネスの評価向上（PE[*注4]：プライベート・エクイティの参入。以下「PE」：投資効率を要求されるためLBOを活用することが多い）

（2）人道上の問題、政治的な課題を隠すためにスポーツを利用（政府系ファンド。自己資金での投資）（スポーツ・ウォッシング[*注5]：Sport-Washing）

その投資を支えるのが資金調達（LBO ファイナンス）の革新である。他方、大口投資家からの資金の恩恵にあずかれないその他のクラブは短期資金調達に頼ることになる。プロサッカービジネスは、つい最近まで儲かるビジネスではなく、倒産も多くみられた。Ｊリーグクラブの上場解禁となった今、日本へも海外投資家が参入し、それに伴い金融市場が変革を求められる可能性がある。スポーツビジネスの将来性を鑑みると黒船上陸の前に官民手を携えて対応を検討することが「スポーツ政策」ではないだろうか。

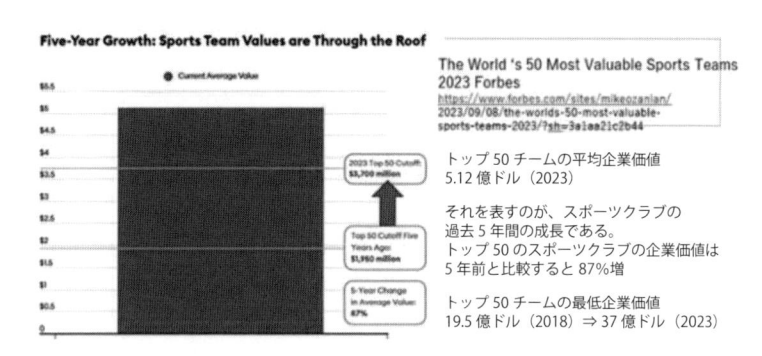

図1　プロスポーツクラブの企業価値の急拡大（出典 Forbes）

注3：企業価値倍率（enterprise multiples）＝企業価値（enterprise value）/ 売上高（revenue）
　　←企業価値＝企業価値倍率（以下マルチプル）X 売上高
注4：PE：未上場企業の株式に投資するファンド。主要なものとして、既に事業基盤が確立された企業の株式の過半数を取得するバイアウト・ファンド、ベンチャー企業に投資するベンチャーキャピタルファンドがある。（日本バイアウト研（2017）p386）
注5：スポーツ・ウオッシング：人気のあるスポーツ・イベントで多くの人々を興奮させることで、不都合な事実を忘れさせてしまうこと。

3.　プロサッカー業界の収支構造と資金調達

　サッカーは、従来儲からないビジネスとみられていたが、UEFA（欧州サッカー連盟）のフィナンシャル・フェア・プレイ規制の発動で儲かるビジネスに転換し、トップリーグでは成長性が高いビジネスになった。規制は 2014 年からフルに効力を発揮し、収入≧支出という当たり前の原則が徹底されてクラブ経営は安定化に向かった。その中でクラブの旺盛な資金需要に対して、課題となっているのが、サッカー業界の独自の収支構造とキャッシュ・フローのマッチングである。

サッカー業界の独自の収支構造は以下の通りである。

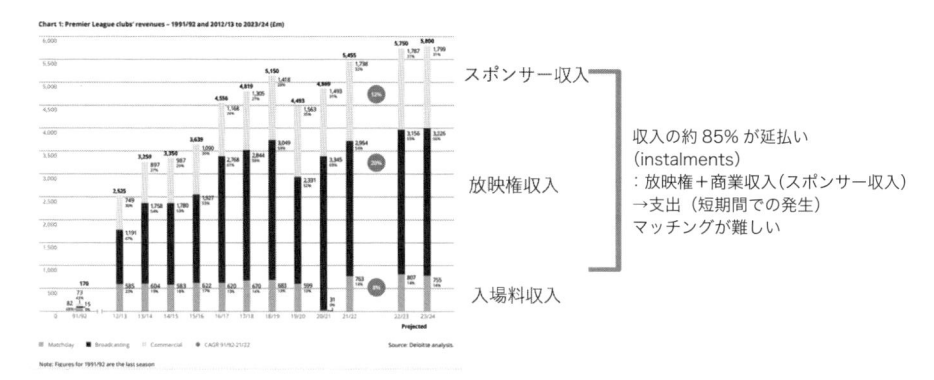

図2 プロサッカークラブの収入の内訳及び支出とのマッチングの難しさ（出典 Forbes）

　短期資金ニーズ：収入面では放映権料、移籍金等で収入急増しているが、分割払いが多い。特に移籍金については流れが放映権料より複雑である。それに対して支出面では選手獲得の検討時間が短い（1月と6月の合計12週間。「窓（ウインドウ）が開く」と言う）ので、急な資金ニーズが短期間に発生する。そこで収入と支出をマッチングさせるのが難しいため、ギャップを埋めるために短期資金ニーズが発生する。それを負債（debt finance）といい、メジャーなクラブ以外のほとんどのクラブの課題となっている。

4. クラブ買収のための資金調達の仕組み（LBO）と台頭するPE

　長期資金ニーズ：スタジアム、トレーニンググラウンド、若手選手の訓練等で生じる資金需要である。本来的には設備資金（長期資金）で調達すべきであるが、担保としてスタジアム、グラウンドを取られるので難しい。そこでトップクラブは以下の大口資金提供者から資金を調達している。（スタジアム改修等はすぐに利益に結び付かないので、クラブ買収金額とは別に買収者にスタジアム改修等を約束させることが多い。）資金の提供者として挙げられるのは．①超富裕層オーナー個人又はファミリー：アーセナル、チェルシー、MUFC　例：チェルシー：オーナーから8億ポンド（1,440億円@ Y180）の無利子借入（ソフト・ローン）②政府系ファンド（中東等）：ニューキャッスル、マンチェスター・シティ　例：

マンチェスター・シティ：親会社（UAE 関係）から 6 億 5000 万£借入（1,200 億円）
③最近注目されているのが、PE、VC（ベンチャー・キャピタル）等からの長期
資金調達がある。以下の通りである。

　2005 年の MUFC の企業買収（米富裕個人投資家グレイザー氏）がその動きの
端緒となった。クラブ株式全額買収・経営権獲得を目指す。手法は LBO[*注1] で、
投資効率を向上させるために負債を活用して、リスク最小化、投資効率最大化を
図る。投資家側はあくまで「利益を生むスポーツビジネス」と捉える。そこに長
年オーナーとファンとの対立が生じている。すなわち、今般オーナー（グレイザー）
がエグジット（出口）戦略の一環で、株式 25% を英国多国籍企業 INEOS に売却
した（少数株主）。INEOS の出資はスポーツビジネス（マルチ・クラブ、マルチ・
スポーツ）への展開が主眼と思われる。

　それ以前にプロスポーツのみならず世界で PE が注目された事例として、
2019/11 米国の PE であるシルバーレイク（Silverlake）によるマンチェスター・
シティへの出資（少数株主）があった。その購入価額から合意されたマルチプル
[*注3] を求め、ニューヨーク上場株 MUFC に当てはめて妥当な価格を算定したとこ
ろ、MUFC の株価が修正され大幅高を記録する事態が発生したのである。非上
場会社のマンチェスター・シティの企業価値が上場会社の MUFC の株価に影響
を与えた事例である[*注6]。

注 6：バイアウト（企業買収）におけるレバレッジ効果（企業買収において負債を梃子にし
　　　て出資に対しての利益率を高める）。一義的には借入人は投資のために用意される SPC
　　　（Special Purpose Company: 特別目的会社）になる場合が多い。しかし、実質的に案件を
　　　主導し、意思決定を行うのは SPC の投資家（スポンサー：株主）自身であり、企業買
　　　収の場合はバイアウト・ファンドになる。企業価値の計算は以下の通りとなる。

企業価値（EV:enterprise value）＝純負債（net debt）＋資本（equity value）

　企業買収の場合、資本：バイアウト（企業買収）・ファンドからのエクイティ（株
式）出資、純負債：貸出する金融機関からの LBO ローンとなる。買収実行時点（投
資時点）からエグジット時点（投資回収時点）まで EV（企業価値）に変化なし
と仮定しても、投資期間中に対象会社により創出されたキャッシュにより一部で
も返済されている場合には、エグジット時点では投資時点からの返済額が「当初
の投資額に対するリターン」となる。実際には、EV の向上を目指して売上や利
益を成長させ、企業価値が増大する案件が多いので、当初の投資額に対するリタ
ーンは「借入返済による部分＋企業価値の増加分」となる。

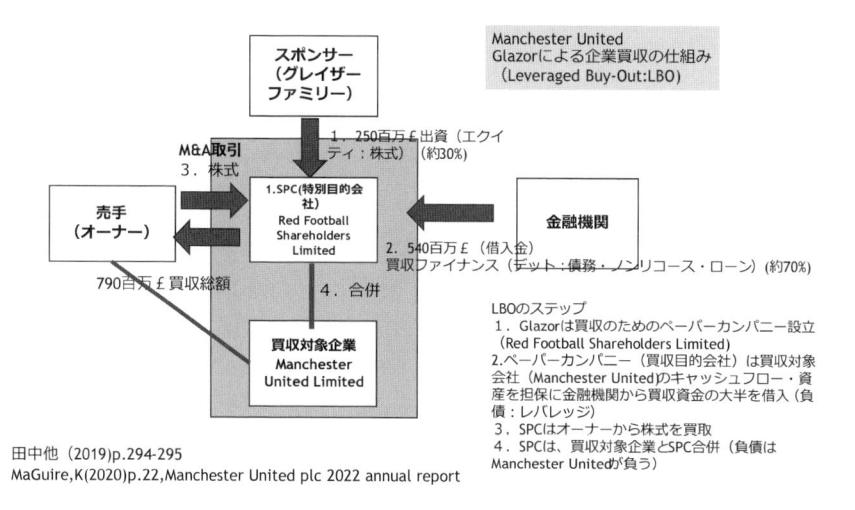

田中他（2019）p.294-295
MaGuire,K(2020)p.22,Manchester United plc 2022 annual report

図3　MUFC買収の仕組み図（LBO）

　具体例ではMUFCの企業買収（2005）の事例がわかりやすい。

　Rosenbaum,J et al（2013）によれば、LBOは買収対象企業を買収する際に、買収価格の大部分を負債（上図3の540百万£）で調達する手法である。買収価格の残りの部分は、通常、「スポンサー」（上図3の250百万£）が、株式（エクイティ）出資する。最終的な目的は、投資先の売却やIPO（新規株式公開）などによるエグジット（退出Exit）を通じて投資額に対して十分なリターン（利益return）を得ることである。スポンサーは典型的に、年率15-20%のリターンと5年以内の投資回収を求める。スポンサーの主役はPEである。LBOでは、資金調達の60-70%が負債、残りの30-40%が株式で構成される。買収対象企業が高水準の負債を抱えられるのは、その企業が将来生み出すフリーキャッシュフロー（企業の日々の運営と投資活動の後に残るキャッシュ）と売却可能な資産基盤により、スポンサー自身は買収金額に対して少額のリスクマネー出資で済むからである。

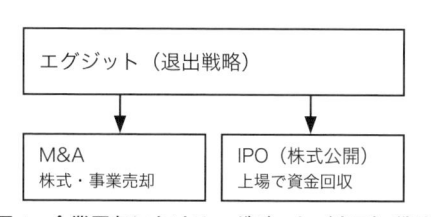

図4　企業買収におけるエグジット（出口）戦略

近年のプロサッカークラブの買収例として、以下が挙げられる（PE が絡んだものが多い）。

（英チェルシー FC）：2022/5/30 Clearlake Capital/Boehly 氏等のチェルシー買収（42 億 5000 万ポンド：7,650 億円＠ Y180）、（伊 AC ミラン）2022/8/31 RedBird Capital の AC ミラン買収（12 億ユーロ：1,800 億円＠ Y150）

LBO ではないが、大口投資家として、政府系ファンドが挙げられる。最近の買収例としてニューキャッスル・ユナイテッド（サウジアラビア）（ジャマル・カショギ暗殺事件 2019）、パリ・サンジェルマン（クウエート）、マンチェスター・シティ（UAE）が挙げられる。概して、これらの国々は必ずしも利益目的ではなく人権問題等で芳しくない国のイメージを回復するためにトップクラブの買収を行っていると言われている。（注 5「スポーツ・ウオッシング」）

投資先を買収してからエグジットするまでの期間中、スポンサーに対して貸手はキャッシュフローで利払いと元本返済に充てることを求める。その一方、スポンサーは対象企業の財務パフォーマンスを向上させ、事業を成長させることを目指す。負債返済とキャッシュフローの増大は、株式価値を高め投資リターンを向上させる役割を果たす。LBO の成功は、ひとえにスポンサーが買収に必要な資金を調達する能力にかかっている。

5. LBO の対象になる企業

LBO の主な参加者として本テーマで重要な参加者を挙げると、スポンサー（financial sponsor）：伝統的には PE ファンド、ファミリーオフィス[注7]、投資銀行、ヘッジファンド、ベンチャーキャピタル（VC）、年金基金等のことである。

PE ファンド、ヘッジファンド、ベンチャーキャピタルは、その投資資金の大部分を公的年金基金、企業年金基金、保険会社、寄付財団、政府系ファンドや個人を含む第三者投資家から調達する。調達した資金は、通常リミテッド・パートナーシップ（limited partnership：LP）として組成される投資ファンドに組み入れられる。ゼネラル・パートナー（general partnership：GP、すなわちスポンサー）が日常的にファンドを管理し、LP は受け身の投資家となる。すなわち表面的にはスポンサーである PE が出るが、その背後には投資利回りを追求する投資家として年金とか保険会社等機関投資家の存在がある。

注 7：富裕層一族が保有する資産を運用・保全し、一族の永続的な繁栄を目的とする組織

金融機関及び機関投資家：担保付債務部分の資金提供者となることが多い。金融機関はリボルバー（極度融資枠）や定期返済付のタームローン（1年以上の貸し付け）を提供する。商業銀行、貯蓄貸付機関、ファイナンス会社、アレンジャーを務める投資銀行が該当する。機関投資家は、より長期の定期返済の少ないタームローンを扱う。ヘッジファンド、年金基金、投資信託、保険会社等社債投資家が該当する。

　LBO の対象になる企業とは、十分なリターン（収益性）と現実的なエグジット（出口）戦略を提供できるような価格と資金調達の仕組みで買収できる場合のみである。次に候補として安定した顧客需要や最終市場を持つ成熟した、あるいはニッチな事業を営んでいる企業が対象となる。MUFC の例では、強力なブランド確立された顧客基盤（MUFC は世界で 11 億人のサポーターと自称する）、長期的な販売契約（アディダスとの契約を 10 年延長【9 億£1620 億円 Y180】））、等キャッシュフローの予測可能性を向上させる条件を備えている。更に、スポンサーは自力での成長、将来の周辺事業買収による成長可能性のある企業を求めている。市場を上回る売上高の成長は EBITDA（利払い前・税引き前・償却前利益）[*注8] と株式価値を高めると同時に負債返済に利用できるキャッシュを増やし、より大きなリターンをもたらす。高い成長性を持つ企業は、スポンサーの投資期間中に EBITDA の倍率拡大（マルチプル）の拡大を通じてより高いリターンをもたらす可能性が高い。まさにプロスポーツのトップクラブが該当する。エグジット時に高い EBITDA（マルチプル）倍率で対象企業を売却することが可能である。そのため、近年メジャーなプロスポーツクラブの企業価値は急拡大している。

　またスポンサーは業務効率を改善しコスト削減を実現する機会を求めている。サッカークラブは近年まで赤字経営で経営効率が低く、改善の余地が大きかった。その意味で効率化の可能性に注目し、対象企業おける業務改革の取組みが成功すれば大きな価値創造が実現し、節約した金額は「マルチプル」で株式価値に反映される。

　融資の担保として提供される強固な資産基盤も重要である。なぜなら倒産（及び清算）の際に元本回収の可能性を高めるからである。売上債権や棚卸資産はその流動性から質の高い資産と見なされる。有形固定資産のような長期資産とは対照的に、容易にかつ迅速に現金に換金できる（担保付債権とみなされる）（Football Receivables Finance）

EV（企業価値）は本来的には将来キャッシュフローの現在価値（DCF 法）で求められるべきだが、必要データの関係で困難な場合が多い。そこで EBITDA を簡易キャッシュフローとみなし、EV がキャッシュフローの何倍になるかを意味する EV/EBITDA 倍率（マルチプル）を乗じることで EV を算出することが一般的に行われている。具体的には、PE の世界では、対象企業の類似上場企業の倍率の算出し、対象企業の EBITDA に乗じることで EV を算出し、買収価格の見積もりや妥当性検証を行う際に使用される。ただしプロサッカー業界では、利益がマイナスになることも多いため、EBITDA に代わり便宜的に売上高を使用することが多い（p.92 の注 3 参照）（日本バイアウト研（2017）p.399）。

6. 主要なエグジット（出口）戦略

多くのスポンサーは、ファンドの LP（受け身の投資家）へのタイムリーなリターン提供のために、5 年間の保有期間に投資を終了またはマネタイズ（回収・資金化）することを目指す。リターンは①他社への売却（「戦略的売却」）②他スポンサーへの売却　③ IPO によって実現される。いつ投資を回収するかの最終的な判断は、対象企業の業績や市場実勢に左右される。スポンサーは投資期間が終了するまでに、対象企業の EBITDA を増加させ、負債を削減し、それにより対象企業の株式価値（**株式価値＝企業価値―有利子負債**）（p.94 参照：エクイティ＝株式価値）を大幅に増加させるのが理想である。またスポンサーは、エグジット時のマルチプル拡大を目指す。PE ファンドの数が増えるにつれ、他のスポンサーへの売却を通じたエグジットが一般的になってきている。MUFC のオーナーであるグレイザー氏の今回 2024 年の INEOS への株式売却（議決権 20% 余の少数株主）は、まさにその例である。

IPO（Initial Public Offering: 新規株式公開）[*注9] でのエグジットは、スポンサーが所有する株式の一部を上場公開することである。スポンサーは投資の一部を資金化するだけで、IPO 後は将来の追加的な株式売り出しまたは会社売却を通じて完全にエグジットできるように、買収対象企業の筆頭株主ポジションを保持するのが一般的である。

注9：IPO：証券取引所において自社の株式の売買を可能にすること。バイ・アウトファンドのエグジットの方法の一つ　（日本バイアウト研（2017）p353）

7．LBOファイナンスの調達構造

LBOの主要な資金調達手段を資本構成における相対的な順位に応じてカテゴリー分類したのが以下の図表5である。資本コストは、その負債証券が持つ柔軟性に反比例する。

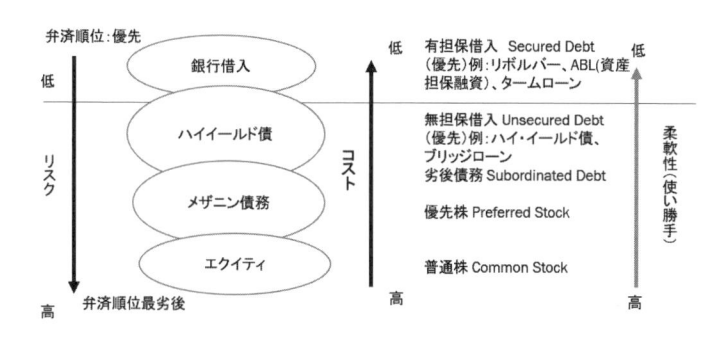

参考：Rosebaum,J et al (2013)p.218,227

図5　LBOにおける調達手段のランク付け

まず資本構成上最も大きな部分を占めるコスト的に一番安い**担保付債務（secured debt）**が挙げられる（上図5：有担保借入）。リボルバー（期間中、必要に応じて借入、返済、再借り入れが可能な融資枠）タームローン（返済後は再借り入れ不可）で構成される。

(1) リボルバー：銀行等によって供与される融資極度枠である。借手が一定期間、特定の総枠を上限として随時必要な金額を借入できる。一般的に、最もコストの低い資金形態である。低コストの見返りに、借手は柔軟性を犠牲にする。

(2) 資産担保融資（ABL：Asset Based Lending）：流動資産が多い企業が利用できるリボルバーの一種である。売上債権や棚卸資産を大量に抱え、季節性や資産集約的なビジネスを展開し、運転資金ニーズが変動する企業でよく利用される（サッカークラブの売掛金債権ファイナンス）。担保となる資産（売上債権や棚卸資産等）は倒産した場合に収益化・現金化しやすいため、ABLの金利スプレッドは同じ与信枠のリボルバーよりも低い。借入期間は5年が一般的。

(3) タームローン（term loan）：元本の返済を定められたスケジュール（通常は四半期ごと）に従って行う必要のある満期が指定された期限確定ローンである。リボルバーと同様第一順位の抵当権付き債務として位置づけられている。ただしリボルバーとは異なり、元本が返済されると再借り入れはできなくなる。

　次に挙げられるのが**無担保借入**である。

(1) ハイ・イールド債：非投資適格債、ジャンク債とも呼ばれる。発行体に対して半年毎の利払いと満期日（通常は発行から 7-10 年後）の元本全額返済を求める負債商品である。分割償還をせず、満期時に元本全額を一括返済する。資本構成で下位に位置し、通常は無担保である、固定金利である、満期が長いこと等の点で、有担保債務より大きなリスクがある分、高いクーポン（利率）を投資家（投資信託、年金、保険会社等機関投資家）に提供する。LBO の資金調達で主要な役割を担う（日本バイアウト研 p380）

(2) ブリッジローン：ハイ・イールド債のような恒久的資金の発行までのつなぎとして借手に提供される暫定的なコミットメント融資である。仕組みを担当する投資銀行は担保付債務とブリッジローンの資金提供を約束する。LBO ファイナンスにおいてスポンサーは、資金調達が確実であることを売手に提示する必要があるので、ブリッジローンは特に重要である。

メザニン債務：従来のシンジケートローン[注10]やハイ・イールド債（一階）と株式（二階）の間に位置する資金の層を意味する（メザニン：中二階の意味）。発行体と投資家の間での交渉で、案件の特有の資金調達ニーズと投資家の要求リターンを満たすように調整された金融商品である。

株式（エクイティ）出資：LBO ファイナンスの残りの部分は、スポンサーの株式出資等の形で通常は普通株式で提供される。通常、株式出資比率は 30-40% である。大規模な LBO では、複数のスポンサーが共同で買手となる共同企業体を組成し、個々のスポンサーの出資負担額を減らす。貸手や社債権者にとっては、株式出資は企業の企業価値が悪化した場合のクッション（投資元本が毀損されない）になる。弁済順位は最劣後である。発行体は基本的に返済する必要がないため、自己資本の増強、財務体質の強化に有効である。

＊注 10：複数の金融機関が協調してシンジケート団を組成して、一つの契約書に基づき、同一の条件で行われる融資形態（協調融資とも呼ばれる）

LBO の特徴：ノン・リコース・ファイナンス（Non-Recourse Finance）

　投資先からのキャッシュフローを返済原資とし、その範囲を超えての返済義務

を負わない。スポンサー（買収者）の信用力（債務返済能力）よりも、買収者が借入金を組み合わせて投資する対象会社自体の信用力が高く、有利な融資条件を得やすい。対象会社の信用力で資金を調達し、買収者のリスクは買収者の出資金額（エクイティ）に限定される。

8. キャッシュフローの管理が重要（売掛金債権ファイナンス）

　サッカービジネスが盛況なのは確かであるが、一般的なビジネスと同様、キャッシュフローの管理が重要である。利益を最大化するためには、レバレッジを効かせキャッシュフローを改善することが必要である。その一つの手段が負債ファイナンスである。形態としては、オーバードラフト（当座貸し越し）や売掛金債権ファイナンスが近年増加している。

（1）売掛金債権ファイナンス（receivables finance）　前述の資産担保融資に該当する。銀行に売掛金債権を割り引いてもらうことで、企業は売掛金を期限になる以前に資金化でき回収できる。一種の前渡金（an advance payment）である。銀行は資金供与に対する手数料を徴求する。場合によっては、銀行自体がその債権を取り立てる。

　売掛金担保融資（ABL）：まず自社の売掛債権に対して根抵当（ある一定範囲について、まとめて担保するために設定されたもの）を設定し、融資枠を設定する、もしくは1年以内の短期融資を受けるのが一般的である。

　サッカークラブの売掛債権ファイナンスのうち、放映権料やスポンサー収入は数年間にわたって分割支払いとなることが多い。移籍金ファイナンスも何年にもわたる分割で支払われるが（クラブにとっては受取）、偶発債務*注11がある契約であり取引がさらに複雑である。（Geey（2019）pp.13-14）

　本稿では、移籍金ファイナンスを中心に説明したい。まず選手の移籍は支出面で見ると移籍の窓が開く（可能となる）期間が短く，クラブはそれに備え、すぐに資金化が必要となる。またインフラに投資するクラブはそのプロジェクトの資金を必要とする。移籍先からの移籍金の支払期限を待つまでもなく、移籍元クラブは期限前に資金化することを選択することが多い。理由は移籍受け入れの都合やトレーニング場の開発を進めるためである。プレミアリーグの中下位クラブが長期投資を行う際に、売掛金ファインスを活用することで流動性確保を行うこともある。またスポンサー収入に関して、中央基金（Central Funds）の受領の権利

を銀行に譲渡することもある。中央基金はクラブがプレミアリーグに所属することに対して払われる放映権料が主たる資金源泉となるファンドである。これも分割で支払われるのでクラブは大部分を前受け金で借りるのである。ただしクラブはそのファンドに対して無条件の権利をもつわけではない。例えば、クラブがサッカー関係者（フットボール関係者への支払い優先ルール）への支払いを行わなかった場合、リーグは中央基金から直接その関係者に先に支払いを行うので、クラブが受け取るファンドの金額は減額される。中下位のクラブにとっては、売掛債権ファイナンスはクラブの抱えるキャッシュフローの問題を解決する効果的な手段となる。すなわちクラブは設備投資として中長期の資金を借り入れる場合、スタジアムやトレーニング場を担保に取られると最悪クラブが運営できない事態に陥る。銀行側もスタジアムを担保にとってもクラブが債務不履行の場合、担保売却がファンや地元コミュニティの反対で難しい問題がある。従ってスタジアム担保の貸し付けは難しい。そこで設備投資も売掛金債権ファイナンスが選好される。「おカネに色がない。設備投資も売掛金債権ファイナンスが利用される」と思われる。

　移籍金ファイナンスでは、まず銀行等は必要金額を移籍元のクラブに一括で払う。その際に手数料を徴求する。期限に移籍先のクラブからその代金を取りたてる際に、①移籍元のクラブが資金を回収して銀行に返済する、又は②銀行が直接移籍先クラブから資金を取り立てる。サッカー売掛金は担保付融資と同じである。損失を被るリスクは低い。従って近年、銀行は積極的に対応している。

　サッカー売掛金ファイナンスの対象商品として 1. 移籍金ファイナンス、2.放映権ファイナンス（放映権契約からクラブが受領する資金を対象とする。銀行は手数料をとって、クラブに資金を提供する（割引）。そして期限に放送局から直接資金を取り立てる。）3. スポンサー収入（プレミアリーグの中央基金）がある。短期資金調達については、トップクラブ以外のクラブでは大きな課題であるので、売掛債権ファイナンスは有益である。（出典：Trade Finance Global）

＊注 11：偶発債務：Contingent Liability。現時点では債務として確定していないが、特定の条件を満たした場合に企業が負担する債務。例えばクラブの昇格・降格による条件改定。

まとめ

　1. プロサッカービジネスは収益性が高く成長分野である。英国の株価指数

FTSE100 と比較してもクラブの企業価値の伸びは大きい。投資としての魅力があるのである。そこで世界中の投資家がサッカークラブへの投資を狙っている。しかしサッカービジネス独自の商慣行があり、キャッシュフローの管理が他の産業以上に重要である（管理が不十分でクラブの倒産が多い）。すなわち収入サイドは放映権料も移籍金もスポンサー収入も長期分割払い。一方支出も分割払いとなるが、移籍金支払いについては移籍可能な期間は短く、緊急性が高い。そこでキャッシュフローのミスマッチが発生する。それを補うのが売掛金債権ファイナンスである。金融機関にとっては、安全な担保付貸付リスクと認識されており有望分野である。放映権料、移籍金、スポンサー収入は急拡大している。金融機関として見逃せなくなっている。投資する側（スポンサー）からは投資効率（投資単位当たりの利益）を高める為にレバレッジが重要である。負債をいかに活用するかが重要である。

2. サッカー売掛債権ファイナンスには、選手の移籍金債権と放映権債権及びスポンサー収入債権がある。債権は分割払いである。いずれも移籍金や放映権収入、スポンサー収入という担保付ファイナナンスで、基本的には短期融資とみられるが、スタジアムやトレーニング場の設備投資にも活用される。「お金に色はない」のである。

3. 最近注目されているのが、PE による投資 / 企業買収である。少ないエクイティ投資（株式投資）で器たる SPC をつくり、残りの金額を銀行団・投資家から資金（債務）を集めて企業買収を行う。リスクマネー（出資）を極力減らし、借り入れを最大化することで投資利回りを上げる。それによって、PE だけではなく、背後に控える機関投資家等を勧誘し、投資に呼び込んで、スポンサー自らのリスクを最小化しているのである。これがグローバルスタンダードになってきている。

4. PE については中長期目的の投資が多く、インフラ整備等に資金を費やし、かつクラブの組織運営に対する貢献等、プラスとの意見がある。他方、利益重視で必要な設備投資（スタジアムの維持改修、若手選手の育成等）を行わない、規制当局に圧力を加えて自己に有利な制度変更等を試みる可能性があるとの懸念もある。英国を含め欧州のクラブの多くにPEの資金が流入しており、無視できない。プロサッカービジネスの消費者に対するアピールの大きさから、各種メディアは放映権獲得競争に走っている。広告宣伝価値だけでなく、自社のサイトに誘導し課金できる等メリットは大きいからである。そこで各国の複数クラブに投資（マ

ルチ・クラブ）したり、複数の異なったスポーツに投資する（マルチ・スポーツ）の動きがあり、悪くすると八百長のリスクもある。スポーツの公平・公正が維持できるか注目されている。

　5.　サッカービジネスは収益性の高い成長分野である。日本の市場がクラブ上場の解禁が明らかにされ、動きが予想される。しかし欧米でも上場して資金調達する動きは見られない。むしろ非上場であってもクラブ買収等ビジネスチャンスがあり、外資系金融機関は虎視眈々と狙っているはず。Jリーグのみならず金融機関はそれに向けて準備が必要かと思われる。

【参考文献】
デロイト（2022）https://faportal.deloitte.jp/times/articles/000591.html
笹山幸嗣他（2008）『M&A ファイナンス（第2版）』，金融財政事情研究会，pp.1-54.
日本バイアウト研究所編（2017）『日本の LBO ファイナンス』，きんざい.
服部暢達（2015）『日本の M&A 理論と事例研究』，日経 BP 社，pp.314-337.
Rosenbaum, J et al (2013) Investment Banking, Valuation, Leveraged Buyouts, and Mergers & Acqusitions, Wiley, pp.198-245
https://ir.manutd.com/~/media/Files/M/Manutd-IR/documents/manu-20f-2022-09-24.pdf
https://www2.deloitte.com/uk/en/pages/sports-business-group/articles/annual-review-of-football-finance.html
https://www.linkedin.com/pulse/glazers-lbo-buy-out-manchester-united-neel-merchant
https://www.espn.com/soccer/manchester-united-engman_utd/story/4877060/manchester-united-for-sale-how-much-is-the-club-worth-do-the-glazers-really-want-to-sell-all-you-need-to-know
https://www.forbes.com/sites/mikeozanian/
History of Glazer Family's Manchester United Ownership (sportico.com)
Trade Finance Global (2024) Football Receivables Finance
Dunn, G. et al (2023) The money game:debt financing in football, Farrer&Co
Boggs, S. P. (2019) Football finance:Factoring in cash flow,Lexology
Hill, V (2023) PE and the EPL: The changing face of football finance
Geey, D (2019) Done Deal, Bloomsbury Sport
Maguire, K (2020) The Price of Football,Agenda Publishing
デロイト（2022）https://faportal.deloitte.jp/times/articles/000591.html
田中慎一他（2019）『コーポレートファイナンス、戦略と実践』，ダイヤモンド社.
西崎信男（2017）『スポーツマネジメント入門（第二版）〜プロ野球とプロサッカーの経営学』，税務経理協会.
西崎信男（2021）『スポーツファイナンス入門〜プロ野球とプロサッカーの経営学』，税務経理協会.

スポーツの企業経営への
インプリケーション

武藤泰明
早稲田大学

序論：問題意識

　スポーツに限らず、○○政策という語を用いるとき、そこには二つの意味合いがあるように思われる。第一は、その○○を発展させるというスタンスである。たとえば産業政策は、日本の産業の発展や国際競争力の向上を意図する。そして第二は、○○によって、○○以外…大きく言えば、国民の便益が高まることを目的とする。

　以下で議論しようと思うのはスポーツ政策なのだが、スポーツを発展させるとか、国民を健康にするとか、という趣旨目的ではない。上記の第一の意味合いは、本論にはないということである。しておきたいのは第二の、スポーツはスポーツ以外の何の役に立つのだろうかという検討である。

　2011年に東日本大震災が起きたとき、一部の芸術家は、この状況で芸術に何ができるだろうかというテーマを掲げていた。ではスポーツはどうであったか。一言でいえば、類する見解は表明されていなかったように思う。でも、スポーツはその状況で何もしなかったわけではない。

　これについて、少し自分の恥を記しておきたい。場面は、Jリーグの2011年のオールスター、あるいは翌12年のシーズン開幕前のスーパーカップのどちらかであったが正確な記憶がない。試合に先立ってMC（司会者）が選手にインタビューした。話題は震災である。そのとき、マイクを向けられた選手は「被災地の人に元気を与える」のだと発言した。私はこれをスタジアムで聞いていて、敬語の使い方についてトレーニングしなければならないなあと思った。「元気を与える」は、いわゆる「上から目線」に聞こえるからである。国立競技場でユニフ

ォームを着ているくらいだから、一流選手である。その一流の選手がこれでは困ると思った。

　でもそれと同時に気づいたのである。この、敬語の使えない選手は、被災地のために活動している、してきたのだ。それはリーグ戦という興行を見せるということではなく、被災者のいる場所に赴き、スポーツ教室をしたり、生活物資を運んだりといった活動を続けてきたのである。そして私は何もしていない。尊いのは選手である。多少敬語ができないだけだ。スポーツは、何かを唱えない。おそらく唱えるのが苦手なのではないかと思う。でも、行動する。

　芸術（美術、文学、音楽など）の人たちは、スポーツと違って体が動かないのかと言うとそんなことはない。私は最近好きなテレビ CM があって、確か東京ガスグループである。タクシードライバーをしている（おそらく）シングルマザーが K-POP アイドルのファンになって、「推し活」を始める。娘（大人である）には「彼らは世界を変えようとしていて尊い」のだと言う。どう尊いのかは詳しい説明がないのだが、たとえば BTS（知らない人のために：K-POP アイドルの代表格みたいな男性グループである）が 2018 年 9 月に国連本部でスピーチをしていて、テーマは彼らのアルバムのタイトルでもある Love Yourself。またこのアルバムの利益の 3% が UNICEF に寄付されているという。そんなことを知っている人にとっては、CM の主人公である女性が K-POP アイドルの「尊さ」に気づくことに違和感がない。書きにくいことだが日本でのジャニーズ事務所関連報道との違いはとても大きくて、最近使われなくなった言葉だが「品格」のあるなしを感じる。

　話を本筋に戻せば、私が見たサッカー選手は、大したものなのだと今は思える。スポーツは、あるいは選手は、この国のスポーツ以外の場面、世界できっと役に立つ。

　ではスポーツは何の、どんな役に立つのか。

　これについて、忘れられない論考がある。米スタンフォード大学の青木昌彦名誉教授（1938-2015。経済学の世界的権威である）が 2014 年 01 月 06 日の日本経済新聞朝刊の経済教室に寄稿したもので、2012 年のロンドン五輪を取り上げている。印象に残ったのは、つぎのような記述である（【】内は私の追記である）。

　○ロンドン大学のスー・コンゼルマン准教授は次のようにいう。【ロンドン五輪での】英国の成功は、資金を施設のみに投資するのではなく、エリート選手を発掘し、育て、支える「チームのあいだの競争」を刺激する戦略をとったこ

と、そして「チーム力」とは、「コーチ、スポーツ医学・科学、競技・競演に現れるライフスタイル」など多様な要素からなり、それは産業政策、経営戦略にとっても示唆に富む。

○【ロンドン五輪で】日本が「予想外」(?) の成績をあげえたのも、水泳、体操、サッカーなど、若いうちから選手を発掘し、裏方の人々を含めたチーム力の競争のあった種目だった。逆に、権威的な管理組織としごきによって根性をたたき込むという伝統的な選手育成法にこだわった種目は、期待された成績を残せなかった。

こうしたことは果たして、スポーツに限られる話だろうか。そうではなく、より広い含意が、経営にも、教育、研究界にもあると思う。潜在的なエリートの足を引っ張り、変わり種をのけ者にするのでなく、彼らをサポートし、競争させ、認め合うシステムと雰囲気、そうしたことが、活動人口が縮小する日本を活性化することになる。

さてでは、青木先生より少しスポーツに寄っている私の立ち位置から、上のような指摘に該当するような論点を掲げ、説明するとどうなるだろう、というのが本稿の主題である。具体的には、スポーツの論理はどのように企業経営に役立つかを検討してみたい。

論点1：練習すれば、うまくなる

[企業への含意]
教育研修の重要性
[解説]
スポーツでは、当たり前のことである。しかし企業社会においては、意外に忘れられているのかもしれない。もちろん、教育研修が充実していると自負している会社は少なくないし、事実そうなのだろう。しかし、つぎのような点について、振り返ってみる必要があるように思われる。

①日本の社内教育は、役職が上がると減少する。紋切り型の二元論を危険を顧みずに振りかざすなら、米国大企業はこの逆で、新入社員研修はほとんどなくて（そもそも新卒定期採用をしていない）、幹部になると教育される機会が増える。

スポーツの世界では、最上位のエリート層が一番練習している。うまくなるほ

ど、もっとうまくなる。

②社内教育が充実している企業でも、DXやデータサイエンスなど、社内で教育できない（社員に知見のない）テーマがある。

日本の会社は、歴史的には、一種の教育機関であった。教育するのは会社なので、大学時代の成績は極論すればどうでもよい。ただし会社が提供する知識を吸収する能力を求めるので、高校までの成績＝どの大学に入れたかという学歴を重視する。だから学歴に意味がある。

教育機関である会社には、情報と知識が集積されていた。独占していたと言ってもよいだろう。社員は知見を得ようとすれば会社から（会社で）学ぶ以外に方法がなかったのである。だから社内教育が有効だったし、定年退職（金）と企業年金のある世界では、社員は長期雇用される、つまりやめないので、教育投資は回収できた。

現代の会社には「自社の知見（資源）だけでは十分な社員教育ができない」「社員の流動性が高まっているので教育投資を回収できない」という二つの問題がある。結果として社員教育の質と量が下がる。結論は教育投資することであるとスポーツは教える。どうその一歩を踏み出すのか。

論点2：才能の発掘

［企業への含意］

もっと若手に目を向ける。貪欲に才能を探す。

［解説］

スポーツは才能を見出そうとする。これについて、異論や議論はない。では一般的に日本の会社はどうかというと、たぶんあまり才能を必要としていない。

もちろん、どの会社も社員が優秀ならそれに越したことはないと考えるかもしれない。しかし賃金制度は硬直的なので、社員が優秀だと能力と俸給の差が大きくなり、会社を辞める。実は日本のサラリーマン社会とは、職務が求める能力を、上にも下にも逸脱しない人材を求めるところなのである。

経済成長期には多くの会社が成長することができた。だから社員も役員も、こつこつ努力する人が長く居てくれることに意味があった。またしたがって、役員は生え抜きの年功序列…つまり社員と同じである…が合理的だったのである。でもすでに、それではもたなくなっている。

　ところで、念のために言えば、米国企業のミドルマネジメント（日本風に言えば部課長）は、才能の発掘に熱心では「ない」。それどころか、自分の部下を高く評価することもまずないと言ってよいだろう。なぜかというと、能力の高い部下、評価の高い部下は、ミドル自身の地位をおびやかすからである。だからMBO（目標管理制度）が生まれたと言ってよいし、メンター制度があるのも、直属の上司が部下を育成できないからだと考えておくべきなのだろう。スポーツのたとえで言えば、3年生のセンターフォワードは、4月に入学してきた1年生のフォワードの能力が高くても、自分と交代させようとは思わない。それをするのは監督の仕事である。つまり才能の発掘は、官僚制的な階層構造の中ではできない。企業の中で言えば、それはトップの仕事なのである。

　もちろん、ホワイトカラーが1000人いる会社で、社員の才能を見出すために経営者がすべての社員についてよく知っているという状態は非現実的に思える。それでも、職位の近い社員の評価や育成をしてはならないというのが大原則である。ではどうするか。

　吉田松陰が長州明倫館（武士階級のための藩校）の兵学師範になったのは9歳のときである。松下村塾は叔父の私塾を引き継ぐ形で実家に幽閉中の27歳で開塾。29歳で亡くなっている。伊藤博文は足軽の家だったので明倫館で学ぶことはできず松下村塾に行った。厳格な身分制度の時代であったが、では社会は硬直的であったかというと、たとえば松陰や伊藤が能力を発揮しても身分による序列は変わらないので、上位の人は才能の発見や育成に熱心になれる。また身分と役職はいわばセットになっていたのだが、足高（たしだか）制と言って、低い身分の武士を高い（重要な）役職に就け、その代に限り禄（俸給）もその役職見合いとすることが行われていた。組織をあげて才能の発掘や育成を行い得たのである。逆説的だが、自由競争の下ではこれができない。だから経営者が才能の発掘にエネルギーを注ぐ必要がある。難しいが、しなければならないのである。

論点3：頂点のすぐ下の底辺

［企業への含意］

　幹部候補の「プール」をつくり、上からも下からも見えるようにする。

［解説］

　岡野俊一郎さん（1931-2017）のお話を「銀座フットボール・アカデミー」と

いう、大畠 襄先生（1930-2024）が主催していらした勉強会で聞いたときのことである（ついでにいうと、この本の編者であるスポーツナレッジ研究会のモデルがこのアカデミーである）。頂点を高くする、つまり代表の競技力を高めるためには、競技者のピラミッドの底辺を広げればよいというのが一般的な考え方である。でもたとえば、フィギュアスケートでメダルがとれるのは、この「ピラミッドの底辺」モデルではない。フィギュアスケートではまずトップアスリートが「噴火」して、いきなり頂点が高くなると岡野さんは言った。

このお話で納得できたことがある。私は 1999 年暮れに J リーグの経営諮問委員長になったのだが、サッカー経験はないし、サッカー界に一人も知り合いがいない。クラブ経営を評価・改善するためには、エトランジェ、第三者であることに意味があったのだろう。とはいえこちらは何も分からないので、サッカー界の重鎮にお目にかかるたびに「なぜ J リーグをつくったのか」という質問をした。そして驚くべきことに、重鎮がたの答えは、ほぼ同じだったのである。それは「代表を強くするため」というものであった。

プロスポーツの商業的な成功を語る人は一人もいなかった。それもそのはずで、あとで気づいたのだが、企業スポーツであった日本サッカーリーグが J リーグになって、企業スポーツの親会社ないしオーナー企業は、J クラブの母体企業と名を変えただけである。変化がなかったわけではない。下部組織（のちのアカデミー）の設置とホームタウン活動が義務付けられたので運営費は膨らんだ。もちろん、運営費上昇の最大の理由はプロ化した選手と外国から連れてくるワールドクラスのプロ選手・監督の年俸である。つまり、現在のスポーツ基本計画が語っているスポーツの産業化というのは、当時の母体企業にとっては、たとえプロリーグが成功したとしても、産業としてお金が回るようになり、母体企業の負担が減ることを意味しなかった。むしろ逆だったのである。母体企業は、それにもかかわらず、負担上昇を承知のうえでプロリーグとなることに同意したのである。

ここで確認しておきたいのは、J リーグが始まったのが 1993 年だということである。バブルのピークは 1989 年末であった。そして翌 1990 年初から「失われた 30 年」がはじまる。山一証券の破綻（自主廃業）が 1997 年、横浜フリューゲルスの実質的な破綻（形としてはマリノスと合併）が 1998 年である。つまりおそらく、関係者が J リーグの「産業化」を指向していたのなら、J リーグは始まらないか、始まっても早々に縮小を余儀なくされていたのではないかと思う。そして事実、上記のようにフリューゲルスはなくなり、ベルマーレの母体企業も撤

退した。それにもかかわらずJリーグは続き、加盟するクラブが増え続けた。

　サッカー関係者がJリーグを作ろうと思ったのは、日本代表という「頂点」の「すぐ下の底辺」を充実させるためである。そしてそれはうまくいき、日本はサッカーワールドカップに1998年（フランス大会）に初出場し、その後もずっと出場し続けている。

　さて、このような方法は、企業が幹部や経営者を選任するときに参考になるはずである。会社にもいろいろな役職があるので、議論を単純にするために経営者（社長）について考える。これより下の役職についても、論理は同じである。会社が経営者を選任する方法は、同族企業のいわゆる「跡取り」を除くと、「一本釣り」「指名委員会」「内部昇進」に分けることができる。

　指名委員会が経営者を選ぶという方法は米国で一般的である。米国の経営者の典型的な類型は創業者（ビル・ゲイツ、スティーブ・ジョブズ、マーク・ザッカーバーグなど）およびその一族と専門的経営者である。指名委員会は多くの場合、専門的な経営者を複数の候補の中から選んで社外から連れてくる。参考までに、Jリーグの前チェアマンの村井満氏は、後任のチェアマンを選ぶ際に自身は関与せず、指名委員会方式を採用した。あるいは、最近の公益法人では、役員を選任するために2年に一度委員会を設置し、その委員には外部人材が含まれているという例が見られる。

　日本でも会社は指名委員会等設置会社（取締役会の内部機関として指名委員会、監査委員会、および報酬委員会の3つの委員会を置く会社）となることができるが上場会社の中でもまだ少数派である。2024年3月末の時点で100社に満たない。指名委員会は取締役の選任と解任を決定（厳密に言えば株主総会に提案）する。

　ところで、指名委員会方式が機能する、つまりうまくいく条件は、指名対象となるような専門的経営者が潤沢に存在することである。日本の典型的な経営者は「跡取り」「内部昇進者」「天下り官僚」「銀行（や取引先の）出身者」である。大企業のグループ会社であれば、親会社の方針で経営者が派遣されてくるがこれは一種の社内人事なのでここでは取り上げないとして、要は専門的経営者が少ない。少ないから見つけるのが難しいのも確かにそうなのだが、問題は、候補者の母集団（私はこれを「プール」と呼んでいる）が形成されないので、候補のAさんとBさんを、あるいはもっと多くの人を比べることができない。だから日本企業が指名委員会方式を採用しても、創業者を社長に再任したり、生え抜きの中から選ぶということになる。ルール上はそれで問題はないのだが、意図とは異なる

ということだ。米国型の指名委員会を指向するとしても、それにはもう少し（かなり？）時間がかかりそうである。

さて、そうだとすると内部昇進者（生え抜き）から経営者を選ぶのが依然合理的である。前項で述べたように、1000人の才能を見抜くのは難しい。しかし30人あるいは50人から次代の経営者を選ぶくらいのことは、経営者にとって必須であろう。社内のプールである。これが「頂点のすぐ下の底辺」として機能する。昔からたまに「15人抜きで新社長を選んだ」というような新聞記事を目にするが、要は15人以上のプールがあるということなのだ。

内部昇進の問題は、社長候補の中に社長経験者が一人もいないことである。米国の指名委員会は、社長（CEO）経験者、つまり他の会社の経営経験のある人材を選ぶことがほとんどである。でも昔から日本の都市銀行(今ならメガバンク)は、幹部候補を関係会社に出向させていた。あるいは総合商社は最近（と言ってもこの数十年のことだが）、30歳くらいの若手をグループ企業（投資先）や取引先の役員として送り出し、経営経験を積ませる。現在サントリーの社長をしている（つまり専門的経営者）の新浪さんは三菱商事でローソンの統括責任者⇒ローソン社長⇒サントリー社長である。総合商社の幹部候補の多くは、役員経験者なのである。

論点4：アントラージュ

［企業への含意］

能力の高い人間が最高のパフォーマンスを実現するのを助ける

［解説］

アントラージュ（entourage）はフランス語で、直訳すると、フランス語としては「取り巻き」、英語では「側近」「随員」になる。つまり人を指すようなのだが、私は「側面支援」と説明している。

定義はこの程度にして、事例で考えてみる。

- スポーツのアントラージュについて説明する場合、教科書的に登場するのは、選手の親に対して、医師がドーピングの医学的、社会的問題を説明するという事例である。
- ロンドン五輪（2012）のとき、バレーボール女子日本代表は、男子選手をスパイカーとして帯同していたと聞いたことがある。外国選手は力が強くてスパイクが速い。それに慣れるために、男子のスパイクを受ける。この例では、男子

選手がアントラージュである。

- その女子バレーボールの代表について、長らく協会で強化の責任者をしていたのが荒木田裕子氏（現在は（特非）全国ラジオ体操連盟会長）である。荒木田さんは選手を引退してから指導者として在外経験がある（アジア人初の国際公認コーチとのことである）。その人脈を活かし、日本代表の海外遠征地の手配と決定、対戦相手の選定と交渉等で手腕を発揮した。見方によっては、これらは強化責任者のいわば「本業」なのかもしれないが、それが本業であることを身をもって示したのが荒木田さんである。

- 話題をサッカーに変えるなら、ワールドカップに日本代表が出場する際、開催国のどこにキャンプ地を置くかというのが重要である。試合会場は場合によっては毎回変わり、移動距離が 500km を超えることもある。どこであれば空港が近く、練習環境が整備され、日本から帯同したコックと管理栄養士が手腕を発揮でき、選手の負担が少なくて済むのか。一種 OR（オペレーションズ・リサーチ）のように解を求める。

- そのサッカーの海外遠征で注意が払われるのが「ピンポンダッシュ」である。日本代表が宿泊しているホテルのドアチャイムが深夜に鳴る。選手が起きてきてドアを開けるが誰もいない。これが繰り返される。犯人はおそらく対戦相手の熱烈なサポーターで、目的は日本選手を寝不足にすることである。対処はたやすいといえばたやすいが、死活問題であろう。

- マラソンで重要なのが給水である。ドリンクが自作という選手もいる。トップレベルの選手だと飲料メーカーがついていてその選手のためのオリジナルドリンクを提供することもある。野口みずき選手の場合は、ボトルもオリジナルだった。保温（保冷）ボトルである（現在は禁止されているようだ）。支援しているメーカーの活動がアントラージュである。

　ここでスポーツを離れて、私がドラッカーから聞いた話を紹介しておきたい。ドラッカーは非営利組織のマネジメントについても研究や実践をしていた人で、病院の経営改革にも携わっていた。ある病院で、ドラッカーが看護師にインタビューしたところ、多くの看護師が「書類作成に時間をとられすぎる。自分たちはもっと患者のそばにいたい」と述べた。そこでドラッカーは、病棟の事務職を増員し、看護師を「本業」に集中させることを助言した。それは実行され、看護師の職務満足度は高まり、意外なことに、病院のコストは低下したのである。常識

的に考えれば、事務職を増員したぶん、人件費が上がるはずである。しかしコストは下がった。

　この理由は、仕事に満足するようになった看護師が離職しなくなったことである。

　看護師という職種は、比較的流動性が高い。だから離職率が低下すると、採用コストが下がる。これが最大の理由である。加えて、ある程度離職することを前提に看護師を雇用しておかなければならないのだが、離職者が少なければ、雇用する人数を少し減らすことができるようになる。また看護師の平均勤務年数が長くなれば、生産性が上昇する。つまり、ドラッカーが指導した病院は、病棟の事務職という「アントラージュ人材」を導入することによって、看護師組織の能力の発揮を最大化したのである。念のために言えば、病棟の事務職員の事務能力は看護師より高い。もちろんこのこともコスト増の抑制要因になっている。

　もう少し企業寄りの話を書くなら、いわゆる IT 化によって、企業の事務処理はペーパーレス化が進んでいるのだが、あわせて進行しているのは事務職やアシスタントの削減である。人手を極力かけずに事務処理を進めればコストは低下する。しかしそれによって起きているのは、単純化していえば「営業のエース」や「研究開発のエース」が自分で事務処理をするという構図である。

　少し原論的なことを書くなら、人間の活動は分業によって発展した。そういうと、専門性に特化することが重要だと考える。それ自体はまちがいないのだが、それだけではもう一つの重要なテーマを見落とすことになる。それは何かというと、「経営者（年俸の高い人）は、どんなにワープロ入力が速くても、ワープロ入力を自分の仕事にしてはならない」というものである。秘書は一般的に経営者より年俸が低い。だから、たとえたまたま自分の上司である経営者や部長さんがワープロが速くても、文書作成は秘書の仕事なのである。とてもおいしい料理を作れるセンターフォワードに合宿所で食事を作らせてはならないのだ。

　もちろん、メッシがアルゼンチン代表の合宿所で食事をつくることはない。スポーツは、ストライカーやファンタジスタとコックや栄養士の役割分担が明確である。これと比べると、企業は才能のある人材をそうでもない人材と一緒くたにして、コストダウンに動員しているように思えるのである。

　この項の最後に、Jリーグが 1993 年の 10 クラブから現在の 60 クラブに増えた理由を、アントラージュで説明してみたい。詳細は小著『プロスポーツクラブ

のマネジメント』で「コンビニ型ビジネスモデル」として紹介しているのだが、先に結論を述べるなら、クラブ数増加をもたらしたのは、リーグ機構がクラブの経営・運営を支援してたからである。

スポーツ組織の経営資源（経営にとって必須の要素）は「資金」「経営能力」「（スポーツ活動の）運営能力」にわけて考えることができる。サッカーが企業スポーツの時代には、というより企業スポーツでは一般的に、親会社が資金を提供し、経営者を送り込み、運営は引退してチームスタッフとなった親会社の社員が担う。女子チームの場合は引退して会社に残る人が昔は多くなかったので、親会社の社員が引き受け続けてきた。つまり、3つの要素が満たされていた。

これに対して、あらたにJリーグに加盟しようと考えるクラブは、親会社（母体企業）があればそこが資金の面倒を見る。不足なら営業するしかないのだが、資金は自己責任の世界である。一つ目の問題は経営で、親会社から人が来ないことがある。なぜかというと、親会社が成長企業だとすると、有能な人材は本業に優先的に投入されるからである。だから経営能力が要求水準に達しない。もっと深刻な二つ目の問題は、クラブの中に運営経験者がいないことである。だから試行錯誤、はっきり言えば大失敗が起きる。

Jリーグが行ってきたのは、主に運営面の側面支援である。そして頻度は少ないが、リーグから経営者を送り込むこともしている。あるいは既存クラブのGMを引退した人材を他のチームに紹介する。紹介するというより、リーグが「お願い」して他のクラブに行ってもらう。こうして、必要な経営資源が不足している小さなクラブでも、Jリーグに加盟できるようになった。ここから見えてくるのは、日本企業は子会社の面倒見をどうしていけばよいかという課題であろう。

論点5：データ重視

[企業への含意]
目標指標が成果の向上につながっているかどうかを再確認する。
[解説]
マネーボールという映画がある。2011年公開で、主演はブラッド・ピット。2003年の同名のベストセラーを映画化したものなのだが、この本はノンフィクションで、実話に基づいている。その実話が、1990年代後半、米国MLBのオークランド・アスレチックスのゼネラルマネジャーに就任したビリー・ビーンが、

財政難のチームを復活させるために行った改革で、劇的な成功をおさめた。アスレチックスは当時、選手年俸総額がニューヨーク・ヤンキースの3分の1くらいで30球団中下から3番目だったのだが、2002年には地区優勝している。リーグ戦の勝率は30球団中1位であった。2003年にも地区優勝している。改革の原動力は、セイバー・メトリクスという統計的な手法である。

この事例はとても有名なのだが、一応解説すると、それまで選手の個人成績として重視していた指標を再点検して常識を変えてしまったのである。具体例を示す。

<野手>

セイバーメトリックスで重視される：出塁率、長打率、選球眼

重視されない：バント、犠打、盗塁、打点、得点圏打率、失策・守備率

<投手>

重視される：与四球、奪三振、被本塁打、被長打率

重視されない：被安打数、防御率、自責点、勝利数、セーブ数、球速

上記で「重視されない」に仕分けられた指標の中には、これまで当然のこととして重視されてきたものがかなりある。そしてそのような指標で「優れている」とされる選手は、年俸が高い。そういう選手をアスレチックスは選ばないので、総年俸予算が低くても勝てるようになったのである。

ここで企業に目を向けるなら、目標として会社の各組織が分担しているものは、利益に直結するだろうかと考えてみる必要がある。事業部の目標であれば、さすがに直結しているのだろう。しかし、人事制度としてのMBO（目標管理）で、社員一人ひとりに付与されている目標となると、かなりあやしいのではないかと思う。また野球は究極的に個人の競技だとして、会社の仕事はそうでもない。しかしMBOは社員が他の社員に協力することをともすれば阻害する。目標の達成度以前に、何を社員一人一人に求めるか、つまり個人目標とするのかを考えることが重要なのであろう。

論点6：分権か集権か

［企業への含意］

個々の組織の自立性を高めることは、全体最適にならないだけでなく、かえっ

てそれぞれの組織のパフォーマンスを低下させるかもしれない。

[解説]

米国の Forbes 誌が、不定期だがプロスポーツチームの資産価値という指標を算出してランキングを掲載している。2023 年版（同年 9 月現在）の上位 5 チームはつぎのとおり（3 位が 2 チームある）。

1. ダラス・カウボーイズ（NFL）　　　　　　90 億ドル
2. ニューヨーク・ヤンキース（MLB）　　　　71
3. ゴールデンステート・ウォリアーズ（NBA）　70
3. ニューイングランド・ペイトリオッツ（NFL）70
5. ロサンゼルス・ラムズ（NFL）　　　　　　69

資産価値というのは定義がどうもよくわからない概念なのだが、要は「このチームを買収しようとした場合の費用」と考えればよいようだ。1 位のダラス・カウボーイズは最近スーパーボウルに出てこないし、戦績もさほど良くないのだがこのリスト上位の常連である。ニューヨーク・ヤンキースも定位置。大谷選手のロサンゼルス・ドジャースは MLB チームの中では 2 番目だが全体リストでは 25 位である。ではどのようなチームがランキングに入っているかというと、50 位までを分類すると以下のとおりである。

NFL　　　　　　　　30 チーム
欧州サッカー計　　　7（スペイン 2、イングランド 3、ドイツ 1、フランス 1）
NBA　　　　　　　　6
MLB　　　　　　　　5
F1　　　　　　　　　2

チーム数は NFL32、NBA30、MLB30 である。欧州サッカーはイングランド・プレミアリーグが 20 だが他の 1 部リーグは各 18 である。合計すると 74 チーム中 7 チームがランクインしているようにも思えるのだが、たとえばイタリアのセリエ A は 20 チームでどこもランク外である。つまり欧州サッカー主要 5 リーグのランクインは「94 分の 7」ということになる。NFL の「32 分の 30」が驚異的なのである。

欧州サッカーと米国プロスポーツのビジネスモデルの大きな違いは、欧州サッカーには昇降格があり、米国プロスポーツにはないという点である。だから米国プロスポーツは戦力均衡（parity）を重視する。それだけなら、NFL が NBA、

MLB、あるいはアイスホッケーの NHL と違って突出することはない。もちろん、アメリカンフットボールが米国においては一番人気が高いということもあるが、あわせて重要なのは、NFL の戦力均衡が徹底しているというところであろう。

　NFL の戦力均衡というと、よく指摘されるのがドラフトである。いわゆる「完全ウェーバー方式」、つまり下位チームから順に選手を指名する。たしかにその効果もあると思うのだが、おそらくこれより重要なのは、外国人選手がいないことである。その理由は、米国以外ではアメリカンフットボールが盛んではないことである。つまり、ドラフトで戦力が決まる。日本から大谷やダルビッシュが来ない。また、アメリカンフットボールの戦績は、QB（クォーターバック）で決まる度合いが大きい。そして大学リーグのスター QB を指名できるのは下位チームなのである。

　重要なのは、NFL が戦力均衡、換言すればリーグへの集権の徹底によって各チームの高い価値を実現しているというところである。では企業はどうかというとこれとは逆で、事業ごとの分権を指向することが多かったのではないか。たとえばカンパニー制という組織形態は、外形は事業部制と変わらないのだが、カンパニー（事業部門）を独立した会社とみなし、バランスシートを持ち、資本金を仮想配賦し、カンパニーが事業投資や M&A の主体となり、本社に仮想配当するという仕組みである。事業部制より自立のすすんだ形態だとみなされた。

　しかし 1997 年の独占禁止法改正により純粋持株会社が解禁された後は、カンパニー制はあまり採用されなくなった。その理由は、カンパニー制ではなくて純粋持株会社方式に移行すれば分権という目的が達成されるからだろうと当初は考えられていたのだが、どうも違うのである。

　詳細は措くが、理論的には、複合事業のほうが単独事業よりリスクテイク能力が高い。事業部門を自立させるということは各事業を単独事業とみなすことだとすると、分権は積極的な事業投資を阻害する。そして純粋持株会社方式では、M&A に積極的になるのは事業子会社ではなくて持株会社（親会社）であることが多い。つまり、純粋持株会社は配当を受け取るためだけの装置ではなくて、積極的なリスクテイクの主体なのである。複数の事業を持つ日本企業は、30 年前の予想とは違って、集権的に経営されていることが多いと言ってよいだろう。

　さて、そうであれば今さらスポーツチームという小さな組織を集権の参考にする必要はないと思われるかもしれない。しかし、

・ダラス・カウボーイズの資産額は 90 億円、1 ドル 150 円とすると 1 兆 3500 億

円である。大雑把な比較だが、これは日本企業の株式時価総額ランキングの135 位前後に相当する（2024 年 4 月末の株価による）。

- FORBES の資産価値ランキングの 50 位までに入っている NFL30 チームの資産価値合計は、約 23.5 兆円である。だからおそらく、32 チームで 24 兆円程度であろう。集権システムがこの価値を生み出した。そしてこれを株式時価総額とみなして日本のランキングと比較すると、トヨタの 58 兆円に次いで 2 位なのである。日本の第 2 位は三菱 UFJ の 19 兆円である。つまり、NFL は「ダントツの 2 位」なのだ。

つまり、NFL は企業経営の「よいお手本」なのである。きっと日本の企業経営は、NFL に限らず、米国プロスポーツに学べることがたくさんあるのではないか。

9

国境を越えるスポーツ・ベッティング
―アメリカのスポーツ・ベッティング合法化と日本に与える影響―

小林　至
桜美林大学

はじめに

　スポーツ・ベッティングとは、読んで字の如く、スポーツ競技を対象とした賭けである。スポーツ・ベッティングの歴史は古く、紀元前 4000 年ごろの古代エジプトにおいても、剣闘や戦車競技における勝敗を対象に賭けていたが分かっている。古代オリンピックにおいても、観衆が賭け事に熱中していたことが記録されている。ローマ帝国においても、人々は、戦車競走や剣闘士の試合に賭け、熱狂していた。前者は映画ベン・ハー、後者は映画グラディエーターで描かれていた競技である。

　近年では、その形態はデジタル化により大きく変化し、欧州のみならず米国やカナダでも合法化されたことにより、グローバルな市場としての位置を確立し、単なる娯楽を超え、経済活動の一翼を担うまでに至っている。デジタルトランスフォーメーション（DX）を駆使した「データとコンテンツとエンターテインメントを融合した新たな産業」と位置づけられている。さらに、合法的な市場だけでなく、違法な市場でも巨額の資金が流通しており、広範な社会経済に影響を与えている。

　本稿では、スポーツ・ベッティングの現状を理解し、その社会的、経済的影響を明らかにすることを目指す。さらに、スポーツ・ベッティングがスポーツ界や社会に与える影響を考察し、今後の発展可能性とそれに伴う課題を探求する。また、日本におけるスポーツ・ベッティングの法的枠組みと、その合法化に向けた議論にも焦点を当てる。

1. 最先進国はイギリス

イギリスでは 1960 年にブックメーカーが政府によって公認され、民間のブックメーカーが相次いで設立された。これにより、賭けの対象はサッカー、アメリカンフットボール、野球、バスケットボールといったメジャースポーツに限らず、アメリカの大統領選挙やアカデミー賞、ノーベル賞の授賞者予想、果てはクリスマスに雪が降るかどうかまで、様々な未来のイベントに及んでいる。

イギリスで、オンラインによるスポーツ・ベッティングが解禁されたのは 2005 年である。このことは、イギリスのブックメーカーを通してスポーツイベントに賭ける行為が、世界中に開放されたことを意味する。このイギリスの動きに呼応して、DX とボーダレス経済の加速や違法市場の排除と税収増などの意図も加わり、欧州各国・米国・カナダで解禁や民間開放の動きが広がった。スポーツ・ベッティングの市場規模については調査会社によって違いがあるものの、国際刑事警察機構が 2015 年に公表した数字は、合法・非合法を合わせると約 330 兆円。その大半が違法市場だそうだが、いずれにしても巨大で、イギリスに独占させてなるものか、と各国が考えたとしても不思議ではない。先進諸国は、次々と規制を緩和し、自国の民間業者に開放（合法化）していった。以下、先進 7 か国の動向を時系列に羅列する。

・イタリア（2006 年）：オリンピック委員会のみ→民間開放。

・フランス（2010 年）：国有企業のみ→民間開放。

・ドイツ（2012 年）：地方自治体の外郭団体のみ→民間開放。

・アメリカ（2018 年）：ネバダ州のカジノのみ→各州の判断に委ねる

・カナダ（2021 年）：くじ形式（日本の TOTO のような形態）のみ→各州の判断に委ねる

そしていま（2024 年 5 月時点）、EU 加盟国はすべてスポーツ・ベッティングが合法となっている。南米においても、メキシコ、アルゼンチン、ブラジルなどの主要国は合法化された。オーストラリアとニュージーランドでも合法である。

一方で、中東とアジアは、スポーツ・ベッティングに対して、厳しい姿勢を変えていない。イスラム諸国は、インドネシア、サウジアラビア、イラン、UAE など主要国はすべて禁止している。インド、中国、韓国、日本は、公営競技以外

は違法である。ギャンブルは、酒やたばこ、薬物と同様、vice（悪徳、堕落行為）である。中毒性があり、本人や家族のみならず社会に深刻な被害をもたらす可能性がある。この vice にどう向き合うかは、各国、反応が分かれているということである。

2. アメリカにおける合法化の過程は、

アメリカは、国歌の一節「O'er the land of the free」が示している通り、自由を国是として掲げている国だが、一方で、禁欲的な清教徒が中心となって建国された国という側面もある。vice について嫌悪する考えも、保守層を中心に根強いのだ。

この点が顕著に現れたのが、1920 年から 1933 年にかけて施行された禁酒法で、この期間中はアルコールの製造、販売、輸送が全面的に禁止された。

ギャンブルについても、「カジノの都」ラスベガスがあまりに有名であり、ギャンブル大国のイメージを持つ方もいるかもしれないが、実は、ラスベガスのあるネバダ州を除くと、アトランティック・シティやインディアン・カジノ（先住民居留地内において特別に許可されているカジノ）など、合法的にギャンブルを楽しむことが出来る場所は限られてきた。とりわけ、スポーツ・ベッティングについては、厳しく制限されてきた。1919 年のワールドシリーズを対象に行われた大規模な八百長（ブラックソックス事件）は良く知られているが、勝負の公正性（インテグリティ）が損なわれた際の社会的影響が甚大であることや、事件の背後に反社会組織が関与していることが多いことから、4 大プロスポーツや大学スポーツなど、州をまたいで運営されているリーグの試合に対する賭けを禁止する法案（the Interstate Wire Act）が 1961 年に制定されもした。

一方で、先に記した通り、アメリカは自由の国でもある。一般紙のスポーツ欄にも、その日の試合のオッズが掲載されるほど、個人間あるいは仲間内での賭けが日常であるという現実もある。管理して課税をするほうが合理的であるとして合法化を試みる州が後を絶たないなか、連邦政府は、組織的なスポーツ・ベッティングを、完全かつ最終的に根絶しようと、4 大プロスポーツと NCAA の強い後押しを受けて、1992 年、プロフェッショナルおよびアマチュアスポーツ保護法（PASPA）を連邦法として成立させた。法案成立の旗手となったのが、当時の

上院議員で元 NBA のスター選手ビル・ブラッドリーだったことから、ブラッドリー法とも呼ばれている。これにより、ネバダ州のランド・カジノ（実際に店舗を構えて運営されているカジノ）以外のすべての地域で、スポーツ・ベッティングが違法であることが明確になった。

　政策あるところに対策あり、とはよく言ったもので、PASPA 成立以降、スポーツ・ベッティングに類似しているが、そうとはいえないグレーな形態が、スポーツ・ベッティングの代替商品として、アメリカで大きな人気を博すことになる。

3. ファンタジー・スポーツ

　ファンタジー・スポーツである。ファンタジー・スポーツとは、プロスポーツ球団に実在する選手から成る架空の、つまり fantasy のチームを作り、選手達の実際の成績をポイント化して、他の参加者と競い合うシュミレーションゲームである。選手の実力と活躍を見極める能力（スキル）が勝敗を左右することから、知的ゲームとして、アメリカでは、職場や学校などの仲間内で、古くから行われてきた。参加者は、出場料を払い、選手の入替やトレードなどのたびに手数料を払うのが一般的で、シーズンを通して競い合い、集まった参加料と手数料のなかで払い戻すというのが原型である。これが 1990 年代、PC と表計算ソフトの普及そしてインターネットの大衆化とともに、ウェブメディアを中心に大手企業が競って参入するようになり、競技団体も、ファン層の拡大、試合やスタッツへの関心の増大など、新たなファンエンゲージメントの手段・収入源として積極的に推進した。その人気は、アメリカ全土に拡がっていった。

　近年は、スポーツ・ベッティングの解禁により成長は鈍化しているといわれているが、愛好者は 18 歳以上人口の 20％に相当する 4000 万人、参加料総額は 98 億ドルという、大きなマーケットを形成するに至っている。

　ファンタジー・スポーツは、アメリカのスポーツ観戦に革命を起こしたと言われている。コンテストで好成績を収めるためには、自身が選んだ選手が活躍するかどうかにかかっている。その需要の高まりに呼応して、株価予想や競馬予想のように、スタッツの粒度は飛躍的に高まり、それを分析するツールや専門家の出現、そのためのメディアなど、新たなエコシステムが誕生した。そして、愛好者の増加と共に、ゲーム内容も多様化していった。競技団体が自ら主宰する参加料

無料のゲームもあれば、ファンタジー専門業者による参加料 2500 ドル、優勝賞金 100 万ドルなど高額のゲームもある。

2010 年代頃からは、デイリーファンタジースポーツ（DFS）が急速に人気を博すようになった。従来は、当該リーグのシーズンを通して競い合う形態だったのが、競い合う期間がどんどん短くなり、数試合からついには 1 試合ごとが競争の単位になった。こうなるともはやギャンブルではないかと思う向きもあろう。実際、アメリカでは、2015 年以降、複数の訴訟において、DFS は、PASPA に抵触するのかどうかが問われたが、2017 年、18 の州において、DFS はスポーツ・ベッティングではないとの見解が表明された。その理由は、DFS において優劣を左右するのは「偶然（chance）」よりも「能力（skill）」だからということだった。裏を返せば、ギャンブルの定義は運任せの「偶然」ということになる。このロジックについては、法律家の間でも見解が分かれているらしいが、翌年、スポーツ・ベッティングそのものが解禁されたことにより、論争は下火になっている。

4. アメリカにおける合法化

2018 年 5 月、米国連邦最高裁判所は、「プロ・アマスポーツ保護法」（PASPA）が合衆国憲法に違反するとの判決を下した。この歴史的判決の結果、スポーツ・ベッティングを合法とするか否かは、各州の判断に委ねられることになった。

この判決に至った背景は複数の要因が絡み合っている。

まず、多くの州が、税収増のためにスポーツ・ベッティングを合法化することを検討していた。先に記した通り、1992 年に PASPA が成立した背景には、放置しておくと、多くの州がスポーツ・ベッティングを合法化してしまうから、その前に、連邦法をもって上からかぶせてしまおうという意図があった。PASPA が違憲であると合衆国を訴えたのはニュージャージー（NJ）州である。同州は、2012 年に、スポーツ・ベッティングを許可する法案を成立させた。これに対して、4 大プロスポーツ団体と NCAA などは、同州の法案は、連邦法である PASPA に違反しており、法案は無効だと訴えたが、NJ 州は、PASPA こそ違憲であると訴えたのだ。そして 6 年後の 2018 年、最高裁において PASPA が違憲であるとの判決が下った。

合法化された背景には、アメリカ特有の合理的発想もある。既に社会に蔓延している vice については、どのみち、駆逐できないのであれば、合法化して課税

するべし、という考えである。アメリカでは、職場や学校など仲間内で、スポーツの結果を対象に賭けをするのは、社交儀礼の範囲内として受け入れられている。一般紙でも、スポーツ欄には、主要なスポーツの試合のオッズとハンデが堂々と掲載されている。アメリカのスポーツファンの間で人気を博していた DFS は、スポーツ・ベッティングと酷似しているが、こちらについては、4 大プロスポーツは合法であるとして、専門業者とスポンサー契約を結び、大々的に後押しもしていた。

　国際的な潮流も影響した。2005 年にイギリスで、オンラインを通じたスポーツ・ベッティングが解禁されたのを皮切りに、欧米諸国を中心に、スポーツ・ベッティングの合法化が相次いだ件は先に記したが、アメリカでも、イギリスをはじめとした海外のブックメーカーを通じてのスポーツ・ベッティングが急速に浸透していた。合法化の議論の過程では、既に、海外ブックメーカーや国内の違法業者を通じての賭け金は推計 4000 億ドルにのぼるとも報じられた。

　世論も後押しした。たとえば、PASPA 裁判の先頭に立った NJ 州では、州内での合法化にあたり、住民投票が実施されており、64% の支持を得ていた。こうしたなか、4 大プロスポーツの一つである NBA が 2014 年に容認する声明を出した。コミッショナーのアダム・シルバーが新聞に「世界の動向を踏まえると、合法化して、管理・課税するのが現実的である」趣旨の寄稿をしたのだ。

　判決後、スポーツ・ベッティングは燎原の火の如く、拡散していった。翌 2019 年に 10 州だったのが、2020 年には 20 州、そして 2024 年 5 月時点では 38 州とワシントン D.C. およびプエルトリコで合法となっている。愛好者は 7000 万人を超え、年間掛け金総額は 1200 億ドルに達した。

　税収は 2023 年実績で合法州の総計が 13 億ドルだった。課税方法は、各州の判断だが、共通しているのは、課税対象はブックメーカーであり、顧客（賭けるひと）ではない。ただし、年間 600 ドル以上の収益を得た個人は、申告義務が生じる。各州においてスポーツ・ベッティングに関する税率は異なるが、収益の 10％前後に設定している州が多い。たとえば、NJ 州は、店舗（カジノなど）での収益に対しては 8.5%、オンラインでの収益に対しては 14.25% である。

　最近では、多くの州政府で、賭け金総額に対して、税収が思ったほどあがっていないことが問題となっている。2023 年の税収総額 13 億ドルは、総掛け金の 1.1% である。この背景として、アメリカのスポーツ・ベッティングでは、イギ

リスがそうであるように、ライセンスを供与された複数の民間業者が競い合っている環境下にあり、利益率が高くない現実がある。ブックメーカー同士が、激しい顧客獲得競争をしており、顧客に選ばれるためのコスト（プロモーション費用）がかさんでいるのだ。広告宣伝費（アメリカのスポーツ中継は、ブックメーカーの CM のオンパレードである）はもちろん、還元率を高めたり、キャッシュバックをしたり（アカウント作成して 5 ドル入金したら 200 ドル分のポイント付与とか）、消耗戦の様相を呈している。

実際、ブックメーカー業界シェア No.2 のドラフト・キングス（Draft Kings）は、2020 年に NASDAQ 上場を果たしているが、上場以来 4 期連続赤字である。業界 1 位のファンデュエル（FanDuel）も赤字が続いている。ただし、IT 企業では、こういうことがよくある。GAFA の一角を占め、売上高 5748 億ドル（2023 年）という巨艦 Amazon も創業から 7 年連続赤字だった。しかし、各州政府にとって、それは許容できない。vice であるスポーツ・ベッティングを合法化している最大の理由が税収増である。ブックメーカーが赤字だから税収が伸びないという話は通らない。政権が危うくなる。そんなこんなで、プロモーション費用の控除額に上限を設けるなどの策が検討されている。

5. スポーツ・ベッティング産業のプレイヤー

賭けは、オンラインで行うか、店舗（カジノなど）に行くかのいずれかだが、どちらの場合も、州がライセンスを供与したブックメーカーを通じて行われる。多くの州では、両方が許可されているが、ワシントン州やウィスコンシン州のように店舗のみという州もあれば、逆にテネシー州のようにオンラインのみが許可されている州もある。

ライセンス供与は、州当局の厳格な判断により行われ、ブックメーカーには、金融商品を取り扱う業者レベルの高い信用力が求められている。すべての取引を当局に開示し、不正とみなされる行為は即座に報告することが義務付けられており、日本の金商法にある開示規制、業規制、不公正取引規制に類似している。

許可されている業者の数、許可に伴うフィー（ライセンス料）は、州によって、大きく異なる。最も多くのブックメーカーがひしめきあっているのはコロラド州で、その数 26 である。同州のライセンス料は、オンライン・ブックメーカーが78,000 ドル、店舗型が 11,700 ドル。2 年ごとの更新料 1200 ドル、一人当たり 70

ドル〜275 ドルの従業員登録料も納める必要がある。一方、オレゴン州やニューハンプシャー州のように 1 社にのみライセンスを供与している州もある。いずれも業界最大手のひとつ、ドラフト・キングス社が州政府と独占契約を結んでいるが、その詳細は明らかにされていない。

　ライセンス料が最も高額なのはペンシルベニア州で、1000 万ドルである。加えて 5 年ごとに 25 万ドルを州政府に納める必要がある。同州では、16 のブックメーカーが営業している。賭け金総額の首位は、合法州のなかで最も人口の多いニューヨーク州で、2023 年は 192 億ドルだった。同州より人口の多い 3 州（カリフォルニア、テキサス、フロリダ）では、スポーツ・ベッティングは非合法である。

　許可されているブックメーカーの総数は 40 を超えるが、解禁から 5 年、金脈を求めて新規参入が相次いだ黎明期は収束し、大手による寡占市場が形成されつつある。

　業界トップを競い合っているのは、ファンデュエルとドラフト・キングスである。2023 年末時点で、ファンデュエルが 37％、ドラフト・キングスが 35％と、2 社で 72％を占めている。両社は、解禁前、ファンタジー・スポーツにおいて業界を二分してきた。ベースとなる顧客と運営ノウハウがものをいったということだ。続くのは、BetMGM とシーザーズ（Caesars）で共に 7％。当初は、この 2 社を含むカジノ運営における実績のある業者が強いと予想されていたが、蓋を開けてみれば、ファンタジー組に大きく水を開けられている。スポーツ・ベッティングの顧客層の属性は、現時点ではギャンブル愛好家よりも、スポーツ愛好家が主であるといえるだろう。

　2023 年 11 月に新規参入したＥＳＰＮの動向に注目が集まっている。ESPN は、ディズニーの子会社で、世界最大のスポーツ専門局である。その売上は推定 2 兆円を超え、日本最大のメディア企業フジテレビ HD の 3 倍近い巨艦である。4 大プロスポーツ、プロゴルフ、欧州サッカーなどの放送権を保有しているほか、ニュースやドキュメンタリーなど、秀逸なコンテンツを多数、制作をしてきた ESPN が業界地図にどのような変化をもたらすか。

　賭けに参加するには、ブックメーカーにアカウントを開設する必要がある。開設に際しては、どの合法州においても、ID の提示を求めることを義務付けている。年齢制限については、ほとんどの州が 21 歳以上だが、ワシントン DC など一部、

18 歳以上のところもある。

　州の居住者である必要はない。賭けを行う場所が合法州であれば問題はない。たとえば、スポーツ・ベッティングが違法であるカリフォルニア州の住民でも、隣接するアリゾナ州で、ブックメーカーのアプリを通して、あるいは店舗で賭けることは可能である。

　オンラインでのベッティングが 95% を占めるこの分野では、技術の進化も特筆すべき点である。AI を活用した不正行為の発見や、粒度の高いデータの生成、ストリーミング、決裁など、高度な技術が導入されている。スポーツ・ベッティングの市場の拡大は、これらのサービスを提供する業者の市場の拡人でもある。

　中でも、データ・プロバイダーはコンテンツ・ホルダー、ブックメーカーそしてメディアと取引関係を持つため、この商流の中核的存在であると言える。データ・プロバイダーは、試合で生じる様々なスタッツや映像を独自に分析する。大会主催者、リーグ、チームなどのコンテンツ・ホルダーとはデータ・プロバイダーとして契約を結び、ブックメーカーに対して、オッズ生成や不正監視システムのサービスを提供している。メディア向けには、映像やデータなどを提供している。

　データ・プロバイダー市場においては 2 社がしのぎを削っている。ノルウェーの二人の大学生が 2001 年に創業したスポートレーダー社（Sportrader）と、複数のスポーツデータ事業者の合併により 2016 年に誕生したジーニアス・スポーツ社（Genius Sports）がそれである。どちらも 2021 年に、アメリカで上場を果たしている。

　マーケット・リーダーであるスポートレーダーの 2023 年売上は 9 億 5100 万ドル、対前年比 20％増である。ジーニアスの 2023 年の売上は 4 億 1300 万ドル、対前年比、21％増である。スポートレーダーは、UEFA（欧州サッカー連盟）、ATP ツアー（男子プロテニス協会）、NBA、MLB、NHL、NCAA と、ジーニアススポーツは、NFL、米 PGA ツアー、イングランド・プレミアリーグ、FIBA（国際バスケットボール連盟）と、それぞれ公式データプロバイダー契約を結んでいる。両社とも、上記のような国際的知名度の高いスポーツ団体には、権利料を支払って公式データを受け取っている。そうでない団体とは、テクノロジー・サービスの提供とバーターの契約が多い。

　リーグとデータ・プロバイダーとの契約は大型化する傾向にある。背景として、

アメリカで合法化されたことで市場が飛躍的に拡大したことに加え、リーグがデータ・プロバイダーとの契約価値を高めるために、契約の独占性に重きを置いたり、映像コンテンツや広告に関連した権利を追加する等の創意工夫がなされていることが挙げられる。著名な例が、ジーニアス・スポーツの躍進のきっかけともなった、NFL とのデータ・プロバイダー独占契約である。NFL は 2015 年以降、スポートレーダー社と、データ・プロバイダー契約を結んでいたが、ジーニアス社は、その 5 倍とも 6 倍ともいわれる年間 1 億 2000 万ドルで 6 年契約を結んだ。

　両社による切磋琢磨の競争が先導する形で、不正監視システムも日進月歩である。不正を防止するためには、規制当局は、起こる全ての事象を監視・記録する必要があるが、それを可能にしているのが、両社をはじめとしたデータ・プロバイダーが提供しているテクノロジーなのだ。AI を駆使した利用者の行動分析（賭け方など）から、怪しい取引は直ちに検知される。たとえば、利用者の依存度を算出してアクセスを制限したり、八百長などの不正の検出が可能である。これらのデータ・プロバイダーは、スポーツ選手が八百長等の不正に巻き込まれないための教育プログラムも提供している。

　このように、アメリカの合法市場では、全ての取引履歴がトラッキングできる「ガラス張り」の環境が整備されている。賭けられる金額も厳しく制限されており、1 試合せいぜい数万円である。プロスポーツ団体がスポーツ・ベッティングを推進している大義名分が、ファン層の拡大であるなか、合法市場は、何百万ましてや億単位の賭けをしたいハイローラーが遊ぶ場所ではないということだ。また、依存症や不正行為の温床とみなされるリスクは、業界としてはなんとしても回避したいところである。だからといって、スポーツ・ベッティングは、ギャンブルの一形態であることに変わりはない。依存症や八百長など、この分野が抱える永遠の課題は残っている。

　合法化前は猛反対していたアメリカのプロスポーツ団体も、スポーツ・ベッティングを、新たなファン層の獲得など需要喚起の重要な戦略と位置づけ、ブックメーカーやデータ・プロバイダーなどの事業者とパートナー契約を結び、積極的に後押ししている。たとえば、MLB は、ブックメーカー最大手のファンデュエルとパートナー契約を結んでいる。後押しには、各州での合法化や、合法州においてはその維持のためのロビー活動も含まれている。たとえばミズーリ州は、カ

リフォルニア州やテキサス州と同じく、スポーツ・ベッティングが違法である 12 の州のひとつだが、同州にフランチャイズを構える、セントルイス・カージナルス（MLB）やカンザスシティ・チーフス（NFL）は、合法化して当局の管理・監督のもとに置かれることで、税収が増え、違法業者を排除できるとして、法案が可決するためのロビー活動に参加している。

　プロスポーツ団体にとってのベッティングの恩恵は既に具体的な形で現れている。

　アメリカのスポーツ中継では、ブックメーカーによる CM 出稿が定番となっており、2023 年には出稿額が 4 億ドルを超えた。CM 出稿の需要の高いコンテンツの価値が高くなるのは自明である。NFL の放送権料収入は、2023-24 シーズンから、従来の 1.8 倍となる年間 130 億ドルとなった。公式戦とプレーオフ（スーパーボウルを含む）合わせた試合数 283 で割ると、1 試合平均 4600 万ドルである。むろん、NFL が、アメリカはもちろん世界のプロスポーツリーグのなかでも図抜けたコンテンツ価値のリーグであることが、驚異的な放送権料収入を生み出す源泉であるが、スポーツ・ベッティングにより、ファン層の拡大が見込まれていることも、放送権料が 1.8 倍に増額となった要因である。米国のシートンホール大学の調査によれば、賭けることにより、試合への興味が増すと答えたヒトの割合は 77% に達している。

6.　スポーツ・ベッティングが生み出す社会問題

　スポーツ・ベッティングは、ギャンブルであり、依存症や不正行為など、深刻な社会問題を内包している。実際、アメリカでは、スポーツ・ベッティングの急速な人気化が、ギャンブル依存症の増加と、スポーツのインテグリティへの脅威を増大させている。

　2018 年に最高裁がスポーツ・ベッティングの合法化の道を開いて以降、特に若い男性のギャンブル参加者が顕著に増加している。シエナ大学の調査によると、オンラインで賭ける人々の大多数が若い男性で、彼らの約半数が自己の賭け行動を過剰と感じている。ニュージャージー州では、合法化してからの 5 年間で、同州の問題ギャンブル・ヘルプ・ラインへの電話はほぼ 3 倍に増加し、その大半が 25 歳から 34 歳の層からのものだ。

　前述の通り、スポーツ・ベッティングは、オンラインの取引が主流であり、す

べての取引履歴が記録されている。このデータは、アルゴリズムによる行動分析に利用され、公平、公正、安全を高める手段として機能しているが、裏を返せば、売上向上のためのマーケティング・ツールとして使えるということでもある。つまり、収集し分析された顧客情報を元に、カスタマイズされたオファーやプッシュ通知をもって、顧客をギャンブルに引き留める手段になり得る。

こうした問題に対処するため、アメリカのブックメーカー大手7社は、「Responsible Online Gaming Association（ROGA）、責任あるオンラインゲーミング協会」を設立した。ROGA は、ギャンブル依存症をはじめとするギャンブルに関する課題を解決するための研究や啓蒙活動のために 2000 万ドル以上の資金を投じることを発表した。プロスポーツ団体も、NBA、NHL、MLB が共同で、スポーツ・ベッティングのリスクに関する啓蒙広告を制作した。

これらの問題への対応が、各州に任されている現状は問題であると、多くの識者が指摘しており、連邦政府による一元的な規制や専門の監督当局の設置が求められている。

ギャンブルの最先進国である英国では、国家政府当局（デジタル・文化・メディア・スポーツ省）が管轄する規制団体＝ギャンブリング・コミッション（GC）がある。GC は、オンラインでのスポーツ・ベッティングが解禁された 2005 年に設立され、事業者へのライセンス交付や監査、違法ギャンブルの調査や起訴等を実施する当局である。イギリスでは、さらに GC のもとに、不正対策（インテグリティ確保）のための専門部署（Sports Betting Integrity Unit）が設置されており、ベッティング事業者、国内外のスポーツ団体、警察、インターポールと連携する体制が整備されている。

ブックメーカーは、依存症の予防と治療のための資金を提供することが義務付けられている。その資金によって運営されているのが Gamble Aware（ギャンブル・アウェア）という第 3 セクターで、GC などの規制当局と緊密に連携して、全国規模で活動を展開している。こうした国家レベルでの連携と対策が功を奏したか、イギリスでは、依存症患者の数は着実に減少している。

八百長も依存症と並ぶ大きな問題だ。NBA は 2024 年 4 月に、スポーツ賭博に関わったとして、トロント・ラプターズのジョンティ・ポーター選手を永久追放処分としたと発表した。控え選手であるポーターの得点やリバウンドなどの成

績が一定の数字を上回るか下回るかを予想する賭けが、その日の賭けの最高額だったことから、ブックメーカーは払い戻しを停止したうえで、州当局に通報。NBA の調査により、ポーターが賭博の参加者に自身の健康状態に関する情報を漏らしていたことが発覚したという次第だ。

先述した通り、合法州でのベッティングは、いつどこで誰が何に賭けたかがガラス張りである。アメリカのスポートレーダーの報告書によれば、2023 年に監視対象としている 85 万件の試合のうち、不正の疑われた試合は 1329 件だった。人間では見落としそうな巧妙な不正も、AI 技術の発展により検知されており、その技術は今後も発展するのだという。

合法化することで、これまで表面化しなかった不正行為が明るみになり、抑止効果となっている。つまり、合法化は正しかったという主張と、合法化により賭けがより広範になったため、不正を試みる数自体が増加しているという主張がある。その答えはまだ出ていない。

7. 日本の対応はいかに

先進 7 カ国のなかで唯一、スポーツ・ベッティングが違法とされている日本の状況を整理してみたい。

日本ではスポーツ・ベッティングは、刑法 185 条に基づき、賭博罪で処罰の対象となる。その例外として許可されているのが、競馬、競輪、競艇、オートレース等の公営競技である。

公営競技の売上は、中央競馬の 3.3 兆円（2023 年）を筆頭に、地方競馬 1.1 兆円、ボート 2.4 兆円、競輪 1.2 兆円、オート 1 兆円と、売上高 9 兆円を超える巨大な市場を形成している。バブル崩壊後、右肩下がりで減少していた時期もあるが、DX の進展と、コロナ禍による巣ごもり需要があいまって、10 年以上にわたり売上増が続いている。toto は、サッカーとバスケットボールを対象にしているが、正式名称「スポーツ振興くじ」が示している通り、スポーツ振興に必要な財源の確保のために、宝くじのように広く小口の寄附を募るという概念で、賭けではなく、くじとして法律上、認可されている。toto の売上は 1200 億円である。法律上、ギャンブル（賭博）とはされていないが、社会通念上はギャンブルと認識している方が多いと思われるパチンコ・パチスロのマーケットは 14 兆円である。1990 年代には 30 兆円とも言われたが、この 30 年で市場は半分以下に縮小したことに

なる。しかし、依然として巨大なマーケットである。

　仮に、日本で合法化された場合の市場規模については、サイバー・エージェント社などが7兆円になるとの試算を発表している。わたしも拙い資産をしてみたが5兆円は見込めるとみている。試算の根拠の一つに、日本から欧州など合法国のブックメーカーを通じて賭けられている金額があり、一般財団法人スポーツエコシステム推進協議会が1兆円〜2兆円と推定している。実際、欧州最大手の一つである bet365 を含め、日本の顧客のために日本語サイトを開設しているブックメーカーもある。そこでは、欧州サッカーやアメリカの4大プロスポーツなど世界的人気を博している試合に加え、プロ野球やJリーグ、大相撲を含めた日本のプロスポーツも賭けの対象となっている。人気競技は金額ベースで、1位はプロ野球、2位はイングランド・プレミアリーグ、3位 NBA、4位 Jリーグだという。むろん、日本から賭ける行為は違法だが、無修正ポルノと同様、日本からのアクセスを封じ込むのは、極めて困難だという。

　このような状況下で、日本からの賭け金が課税されることなく、海外に流出しているのは、アメリカで合法化される過程での議論にもあった通り、もったいない話ではある。仮に合法化後の市場が売上5兆円、控除額を20％（中央競馬の25％は高過ぎるが、イギリスやアメリカのように10％以下では、霞が関は腰が入らないだろう）とすると、1兆円が生み出される。JRA の納付率に倣いその半分、つまり売上の10％が国庫に入るとすると、5000億円となる。残る5000億円から、たとえばその半分の2500億円をスポーツ振興基金とすれば、この額は toto のスポーツ振興助成金（2023年度実績で185億円）の13倍以上である。残る2500億円の使途は、スポーツ・ベッティングに不可欠な監督組織の運営、ギャンブル依存症対策、スポーツ関連の研究開発助成など、有効に活用すればよいだろう。

　合法化されれば、コンテンツ・ホルダー（チーム、リーグ、団体）にとっては、売上を飛躍的に伸ばす機会となるだろう。アメリカでそうだったように、プロスポーツのコンテンツ価値は大きく向上するはずだ。視聴者数の増加が見込め、ブックメーカーが CM 枠を高額で購入するから、テレビ局、インターネット放送局は競い合って、従来とはけた違いの放送権料を払うようになるだろう。1995年にほぼ同じ程度の売上だった NPB と MLB が、30年後にその差8倍となった最大の要因は放送権収入である。Jリーグと欧州リーグにも同様のことがいえる。

北米4大プロスポーツや欧州プロサッカーは、1990年代後半以降、ライブエンターテインメントの王様として、10倍規模の成長を遂げた。録画機器の発達で、ドラマやバラエティーを番組表に合わせて見る人がほとんどいなくなり、テレビCMはスキップされる中において、ライブでこそ見る価値のあるスポーツ中継はキラーコンテンツとして、放送権料は倍々ゲームで増加していった。2010年代に入ってからは、リーマンショックやテレビ離れに伴い、一時、停滞したものの、ほどなくして、GAFAなどの巨大IT企業そしてNetflixやDAZNなどの動画配信局が、放送権の争奪戦に加わり、放送権市場は再び、活況を呈している。そして既に記した通り、スポーツ・ベッティングの人気化に伴い、ライブ映像の価値は更なる高みを目指す段階に入っている。

　日本においては、長らく規制保護のもとにある地上波放送局が市場を寡占していたため、コンテンツを巡る競争が活発化しなかった。しかし、最近ではIT企業の市場への参入により、状況に変化が見られるようになっている。ボーダーレスのサイバー空間に、既存の枠組みはあてはまらないのだ。DAZNが2017年に、Jリーグと10年総額2100億円で放送権契約を結んだとき、関係者は一様に驚きの声をあげたが、以降、ネット配信局が、日本のテレビ局を大きく凌駕する金額で、優良スポーツコンテンツの放送権料を獲得するのは当たり前のことになった。スポーツ・ベッティングの合法化が、経済規模では説明がつかない内外価格差が縮小する契機になる可能性は十分にあり得る。

　スポーツ・ベッティングの合法化は、権利の所在の整理にも寄与するだろう。ブックメーカーおよび、そのバックエンドを支えるデータ・プロバイダーは、精度が高いデータや映像などの情報を顧客に提供する必要が生じる。ライブ・ベッティングのためには即時性も重要である。そもそも、リーグとしてコンテンツ価値を高めたり、国際展開をするためには、権利を集中管理しないと、スタート地点にも立てない。一方、日本最大のスポーツコンテンツであるNPBは、パリーグはPLM（パシフィックリーグマーケティング）が所属6球団の映像の権利を集中管理しているものの、セリーグは各球団任せで、その管理の仕方もまちまちである。そのことは、関係者一同、承知しているが、染み付いた商慣行を打ち破るには、海外からの刺激が必要なのは、わが国の常である。スポーツ・ベッティングの合法化は、国際社会の潮流に合わせた権利処理へと、抜本的な見直しを促す契機になるだろう。

　ギャンブル依存症への対策も進展が期待される。先述した通り、日本のギャンブル市場は、賭けの対象は公営競技に限られているが、売上規模は 9 兆円を超え、巨大である。しかし、依存症対策については、支援団体は幾つかあるものの、基本的に自己責任である。イギリスのような強力な対策機関が存在しない。賭け金額やアクセスについても、本人や家族の申告がない限りにおいて、制限はない。射幸心の抑制についても、払戻金への言及を避けるなどの自主規制はあるものの、公営競技の CM は花盛りである。スポーツ・ベッティングが合法化されれば、世界の先進事例を参考に、より包括的で具体的な依存症対策が取り入れられる可能性が高まるだろう。

　では現実に、スポーツ・ベッティングの合法化が、近い将来、起こるかどうかと言われると、その可能性は低いだろう。既述の通り、スポーツ・ベッティングは、現行法では禁じられている。可能にするには、新法の制定か、スポーツ振興くじ（toto）法の改正か、あるいは公営競技のような賭博罪の対象とならないための特別法の制定などが考えられるが、これには多大な努力と時間を要する。

　toto や IR（統合型リゾートつまりカジノ）でもそうだったが、合法化のプロセスは、国会議員による議員連盟の結成→政務調査会や特別委員会→超党派の議員連盟の結成→法案上程という流れになるだろう。スポーツ・ベッティングの現在地は、民間主導の推進団体が結成され、次のステップは、そこでの研究調査を踏まえた要望書の提出という段階で、議連結成にはまだ至っていない。toto は 1998 年に法案成立、議連の結成から 6 年かかった。開始はその 3 年後となる 2001 年だった。IR の法案成立は 2016 年。法案成立には 15 年を要し、実装されるのは 2030 年以降と見込まれている。

　また、先に記した通り、日本は公営競技が高度に発達している。スポーツ・ベッティングの解禁は、公営競技にとっては、そのエコシステムに対する脅威であり、強い反対に直面するだろう。公営競技はそれぞれ中央官庁が管轄しており、競馬は農林水産省、競艇が国土交通省、競輪とオートレースは経済産業省である。また、toto は文科省、宝くじは総務省、パチンコ・パチスロは警察庁である。つまり、法案成立のためには、政官財あらゆるレベルでの強力な推進力と、複雑で繊細な調整を要することになるということだ。

　近未来において合法化される可能性があるとすれば、2030 年に予定されている大阪での IR 開業を機に、日本の市場開放を求める声に押されてという、クラ

シックな外圧パターンか。2030 年に大阪の夢洲で IR の開業が予定されている。その運営の中核を担う MGM は米国のカジノ最大手であり、オンライン・ブックメーカー Bet MGM の親会社でもある。IR 開業後の数年を経て、IR におけるランド・カジノにおいて解禁、そこからまた数年間の様子見を経て、オンラインでの解禁という展開はあるかもしれない。それでも 10 年以上先の話ということになる。人工知能研究の世界的権威であるレイ・カーツワイル氏によれば、2045 年に人工知能が人間の知性を超えるシンギュラリティが起こるという。そんな怒涛の変化の時代に、10 年先の話をしても仕方ないか。

【参照文献】

Poll: More Than 50 Percent of U.S. Say Sports Betting Should Be Legal

https://www.shu.edu/news/majority-in-u-s-say-sports-betting-should-be-legal.html

Supreme Court Ruling Favors Sports Betting

https://www.nytimes.com/2018/05/14/us/politics/supreme-court-sports-betting-new-jersey.html

Betting Market Size, Share & Trends Analysis Report By Platform, By Betting Type (Fixed Odds Wagering, Exchange Betting, Live/In-Play Betting, eSports Betting), By Sports Type, By Region, And Segment Forecasts, 2023 - 2030

https://www.grandviewresearch.com/industry-analysis/sports-betting-market-report?utm_source=prnewswire&utm_medium=referral&utm_campaign=ICT_13-Feb-23&utm_term=sports_betting_market_report&utm_content=rd

Jontay Porter got a lifetime ban he earned, and he was caught because the system works

https://sports.yahoo.com/jontay-porter-got-a-lifetime-ban-he-earned-and-he-was-caught-because-the-system-works-204829464.html?guccounter=1&guce_referrer=aHR0cHM6Ly93d3cuZ29vZ2xlLmNvbS8&guce_referrer_sig=AQAAAF3SvM1ugiqvt1Zj_EQ9T5hTgIp4QoPiDgXcjcEzaatr7c2hrQGp82XKK0JBQbib3k6tgcE9gaJG6OGpkshBarlb-9Nvz82QNUnRI-88A9L08rRh1pnPt8JNqMGUNR4a9ng6Asfz0H0ZwjyngxSROW7F44bxQzWRR_4bh5xjVs3R

'Betting Corruption and Match-fixing in 2023

https://goto.sportradar.com/l/533382/2024-03-01/7p9m9d/533382/170929916597HjWoHQ/Betting_Corruption_and_Match_Fixing_in_2023.pdf

National Council on Problem Gambling

https://www.ncpgambling.org/ncpg/

American Gaming Association

https://www.americangaming.org/

Legal Sports Betting

https://www.legalsportsbetting.com/

Gambling Commission

https://www.gamblingcommission.gov.uk/

GambleAware

https://www.gambleaware.org/

European Gaming and Betting Association

https://www.egba.eu/

11 Exciting Statistics on How Much Money Do Americans Bet On Sports

https://playtoday.co/blog/stats/how-much-money-do-americans-bet-on-sports/

Sports Betting Statistics, Trends, & Predictions

https://www.driveresearch.com/market-research-company-blog/sports-betting-statistics/

Sports Betting: High-stakes intervention

https://www.sportsbusinessjournal.com/Articles/2024/01/22/sports-betting

A timeline of sports gambling scandals since 2018

https://global.espn.com/espn/betting/story/_/id/39908218/a-line-sports-gambling-scandals-2018

Sports Betting Odds: How They Work and How to Read

https://www.investopedia.com/articles/investing/042115/betting-basics-fractional-decimal-american-moneyline-odds.asp

The NFL Is the Most Popular Sport to Bet On

https://variety.com/2023/sports/tech/the-nfl-is-the-most-popular-sport-to-bet-on-2022-1235467587/

Pro leagues balance profit, integrity risks in legal betting era

https://apnews.com/article/sports-betting-nfl-nba-mlb-nhl-e05bff6f8a0153dbded66d1dd5c6cd3a

Sports Business Journal Newsletter; Betting

https://www.sportsbusinessjournal.com/SB-Blogs/Newsletter-Betting.aspx

Illegal betting and sport

https://www.unodc.org/res/safeguardingsport/grcs/section-9_html/SPORTS_CORRUPTION_2021_S9.pdf

スポーツ・ベッティング│ TMT Predictions 2019 日本の視点

https://www2.deloitte.com/content/dam/Deloitte/jp/Documents/technology-media-telecommunications/et/jp-et-tmt-predictions2019-tv-sports-betting-japan.pdf

西村あさひ法律事務所スポーツビジネス・ローニューズレター 2024 年 4 月 1 日号、「諸外国におけるスポーツくじ・スポーツベッティング関連法規制の動向①」

https://www.nishimura.com/ja/knowledge/newsletters/sports_business_law_240401

『最新版』公営ギャンブルの売上推移まとめ

https://gamble-station.com/publicmanagementgambleearningstransition/

公営ギャンブル売上まとめ（2024）

https://gamblego.jp/market/4107/

スポーツＤＸレポート①②

https://www.meti.go.jp/shingikai/mono_info_service/sports_content/pdf/20221207_1.pdf

https://www.meti.go.jp/shingikai/mono_info_service/sports_content/pdf/20221207_2.pdf

10

IOC がねらう Game-Changer としての インド、そしてサウジ

佐野慎輔
尚美学園大学

1. はじめに〜時代を動かすか、IOC ムンバイ総会

　長い歴史を振り返ると必ず流れを変えた場面、事象がある。そのときはわからなくとも、後の結果から「あれで流れが変わった」と気づかされることも少なくない。2023 年 10 月、インドのムンバイで開催された国際オリンピック委員会（IOC）総会はオリンピックムーブメントのありようを変える転換点であったかもしれない。IOC がなぜこの地を開催地に選んだのか、総会で起きたことを考えていけば未来のオリンピックムーブメントのありかたへの理解は進む。

　インドは決してオリンピックにおいて存在感のある国ではない。しかし IOC は、近年「グローバルサウス」と呼ばれる途上国の盟主として国際的な存在感を増すインドを、批判が増すオリンピックムーブメントにしっかりと取り込み、位置づけることによって、彼の国の持つ可能性と影響力に期待をかける。一方インドは総会開催を機にスポーツの世界においても相応の地位を獲得しようとするねらいがのぞく。双方の思惑が交錯した総会から想を起こし、近未来のオリンピックムーブメントを考えていく。

（1）インド 14 億人の夢
　総会初日にあたる 10 月 14 日、開会式であいさつしたインドのナレンドラ・モディ首相は 2036 年夏季オリンピック招致に乗り出すと宣言した。「開催に向けてあらゆる努力を惜しまない。これはインド 14 億人の長年の夢だ」と述べると会場は大きな拍手と歓声に包まれた。インドは英国領だった 1900 年第 2 回パリ大会にアジアから初めてオリンピックに参加した国である。しかしその後、国家と

しての混乱、低迷期が長く続き、英国から独立4年後の1951年にニューデリーでアジア競技大会を開催したことはあるものの、国際的な総合スポーツ大会は2010年のコモンウエルス・ゲームズ（英連邦競技大会）以外の開催経験はない。その意味ではオリンピック招致は「14億人の長年の夢だ」といえる。

インドは国連経済社会局の推計によると2023年4月末に人口14億2577万人に到達、中国を抜いて世界最大の人口大国になったとされる。また国際通貨基金（IMF）の2024年統計データによる世界の名目GDP（国内総生産）ランキングでは1位アメリカ以下、中国、ドイツ、日本と続いてインドは3兆9370億1100万ドルで5位に位置する。名目GDPは数値の取り方、為替の変動などもあってGDP額は必ずしも明確なその国の経済力を示すわけではないとされるものの、その国の世界における位置をする指標となっている。日本の成長が前年比－2.4%に対しインドは+10.2%とトップ5では唯一2けた成長が見込まれ、近い将来、日本とインドのランクが入れ替わるとの指摘もある。

ちなみに6位以下は英国、フランス、ブラジル、イタリア、カナダ、ロシア、メキシコ、豪州、韓国、スペインと続き、この名目GDPランキングTOP15でオリンピック開催経験がないのはインドのみ。少なくともグローバルサウスを背景にした国際的な存在感の増加と目覚ましい経済発展をみれば、まさに機は熟したというわけである。

機を見るに敏なIOCがこうしたインドの現状を認識していないはずはなく、ムンバイでの総会開催後に大きな期待をかける理由でもある。開会式ではIOCのトーマス・バッハ会長は当然のことながらモディ首相の臨席を「オリンピックスポーツのこの国における重要性が高まっている証」だと述べ、「インドはIOC総会開催に刺激的な場所」で「素晴らしい歴史とダイナミックな現在、未来への強い自信を兼ね備えた国」ともちあげた。美辞麗句の下の意図が透けてのぞいた。

(2) クリケットの追加実施は IOC が主張

この総会は2030年冬季オリンピックをフランスの北部アルプス、34年大会を米国のソルトレークシティに決めることが主眼となっていた。そうしたなか「2036年大会招致」宣言に加え、インド14億人の目をさらにオリンピックに向かわせたのはこの地で圧倒的な人気を誇る「クリケット」が2028年ロサンゼルス大会で追加競技として実施されるという決定である。折しもインド各地ではクリケットのワールドカップ開催中で国民がこの競技に熱中しているタイミングであり、

ロサンゼルスよりもインドの人々の熱狂ぶりがテレビ画面から発信された。

　オリンピックの追加競技はオリンピック憲章に定められた中核 28 競技に加え、開催都市の意思を反映させるべく組織委員会が提案し IOC 総会での審議・承認によって最大 5 競技まで実施可能となる。2014 年モナコ総会で追加競技について採択された後、初めて適用された東京 2020 大会では「野球・ソフトボール」「空手」「スケートボード」「スポーツクライミング」「サーフィン」が実施された。2024 年パリ大会では野球・ソフトと空手を除外し「ブレイキン」が新たに加わった。今回、ロサンゼルス大会組織委員会が提案したのは「野球・ソフトボール」「フラッグフットボール」「ラクロス」「スカッシュ」と「クリケット」の 5 競技で、総会はこれを一括承認している。オリンピックで初めて実施されるのはフラッグフットボールとスカッシュで、野球・ソフトボールは東京 2020 大会以来の実施だが、じつにラクロスは 1908 年第 4 回ロンドン以来 120 年ぶり、クリケットに至っては第 2 回パリ大会以来 128 年ぶりの復活となった。

　追加競技は開催都市の権利として設けられた。開催国で人気の高い競技を実施することで注目度を高め、観客動員に貢献するとともに放送権収入、スポンサー収入増大をねらう、いかにも IOC らしい方策である。2028 年大会では米国発生の野球・ソフト、ラクロスに加え、アメリカンフットボールのルールを基にタックルの代わりに腰に付けたフラッグを取り合うことで安全性を高めたフラッグフットボールは米国で高い人気を誇る。組織委員会は MLB（Major League Baseball）や NFL（National Football League）の協力も得て実施に向けて邁進した。スカッシュも米国内での人気は高く、集客が期待できる。しかしクリケットに米国での熱狂は想像しづらい。なぜ提案されたのか、そこに IOC の思惑がのぞく。

　クリケットは英国発祥で英連邦での人気が高く、3 億人とされる競技人口はバレーボールやバスケットボールに続き、卓球に並んでサッカーの 2 億 6000 万人を凌ぐ。とりわけインドでは 1 億 2420 万人の愛好者がいるとされ、IOC は 14 億人の市場規模と同様、インドのクリケット人気に執着したといっていい。

　総会での決議は満場一致であったが、実は組織委員会案にまとまるまで紆余曲折があった。組織委員会が野球・ソフトボール、フラッグフットボールを強く推すなか、IOC はクリケットにこだわり続けた。3 競技は出場選手数の多いチーム競技であり、1 万 500 人という選手制限枠の順守が迫られるなか事態は膠着、決裂寸前までいきかけたとされる。

　結局、巨額の放送権料を負担する米国 NBC ユニバーサルの意向に配慮しつつ

IOC は自らの主張も貫き、選手数枠にこだわらない「落としどころ」を選択した
わけである。この妥協の産物としてインドを取り込み、放送権料拡大への道筋を
たてている。英国での報道によれば、インドのパリ大会放送権料は 1560 万£（約
28 億 4000 万円）であるが、クリケットが採用される 2028 年ロサンゼルスでは
約 10 倍の 1 億 5000 万£に跳ね上がると予測される。ロサンゼルスに続く 2032
年ブリスベーン大会はクリケットが盛んな豪州であり、もし 2036 年がインド開
催となればクリケット導入が安定した財源を担保する。強かな方策である。

2. 強かに生き延びてきた IOC

　かつてチャールズ・ダーウィンの進化論は「唯一生き残ることができるのは、
変化できるものである」と理解され、しばしば自己啓発セミナーなどで引用され
てきた。しかし、今日そうしたことを説く人はまれで、ダーウィンの進化論は生
物の進化には目的も方向性もなく単に偶然の結果にすぎず、環境に適合するよう
に進化したのではなく、たまたま持って生まれた形質が環境に合っていたから生
き残ったのだと説明される。つまり方向性を与えるのは環境のほうだという結論
になる。
　IOC は人為によって創設、運営されている組織であって、それ自体が生物では
ない。IOC を語るために進化論を持ち出すのは適切ではないが、進化論の考えに
従えば方向性を与える環境に対して敏感に反応する形質をもっている組織である
ように考える。実際、長い歴史のなかで困難な状況に直面すると何かしら生き残
る方向に身を処していっている。

（1）草創期の混乱を沈静化した英国の矜持
　IOC の創設は 1894 年 6 月 23 日である。この日、パリ・ソルボンヌ大講堂で開
催された国際的なスポーツ競技者連合の会議の席上、教育者でもあったフランス
人貴族ピエール・ド・クーベルタンがスポーツ教育の理想形として古代ギリシャ
で続いたオリンピックの近代における復興を提唱、集まった 20 カ国 47 団体 79
人の賛成によって決議された。このとき第 1 回オリンピック競技大会を 2 年後の
1896 年、オリンピックの故郷ギリシャのアテネで開き、その年を起点として古
代ギリシャに倣った 4 年周期の近代オリンピアードとして競技大会を 4 年に 1 度
開催していくことを決めた。

クーベルタンは会議の席で後に「オリンピズム」と表現される理念を語る。「スポーツを通して若者の心身を向上させ、文化や言語、国籍などさまざまな違いを超えてお互いを理解し、平和でよりよい世界の構築に貢献する」というあるべき姿である。このオリンピズムを普及させていく行動を「オリンピックムーブメント」といい、4年に1度の競技大会はその最高表現、最上のパフォーマンスの場として"規定"された。そしてIOCはオリンピックムーブメントの推進役であり、競技大会の運営母体と位置づけられた。

　クーベルタンはIOC初代会長にギリシャ人のデメトリウス・ビケラスを推し、自身は事務総長に就いた。すべては第1回大会を円滑に運営するための方策だった。しかし、いきなり躓く。資金不足である。当時ギリシャは政情不安定で、オスマン帝国から独立した時の賠償問題もかかえ、緊急財政を余儀なくされていた。開催に異論もでるなか、ギリシャ王室の支持とエジプトに住むギリシャ出身の富豪エルギオス・アヴェロフの多額な寄付によってようやく開催に漕ぎつけたのである。クーベルタンは第1回大会後、会長に就任するが財政問題は常についてまわり、IOCが今日この問題に敏感に反応する素地がすでにみられる。

　1900年第2回パリ大会、1904年第3回セントルイス大会はともに万国博覧会に資金援助を仰いだ"付属"競技大会であり、「みせもの」として人目を引く競技が実施された。クーベルタンの掲げるオリンピズムを理解するIOC委員たちは多くはなく、理念よりも「国際的な大運動会」という目新しさに飛びついたというのが草創期の実情であった。

　その混乱期を乗り越えたのが1908年の第4回ロンドン大会である。本来1908年はローマ開催の予定だった。ところがベスビオ火山の噴火で財政が悪化、開催2年前に返上を申し出た。窮地に陥ったIOCを救ったのは英国オリンピック委員会（BOA）である。1908年開催予定の英・仏博覧会の協力を取り付け、ロンドン開催に至る。しかも資金支援はうけたものの近代スポーツ発祥の地としての矜持だろう、スポーツの独立性を担保するとともに曖昧だった参加基準を明確化、参加はすべて国内オリンピック委員会（NOC）を通すという今日のスタイルを確立したのだった。

　この第4回大会で今日のオリンピック競技大会の原型ができあがった。国旗を掲げた入場行進はロンドンに始まり、それを機に国をあげた対抗意識が育まれていく。余談ながらそうした国の威信をかけた「世界大運動会」になったからこそ今日の繁栄がある一方、ときにドーピングが問題視される歪んだメダル争奪戦を

生む要因となっていった。

(2) 第 1 次世界大戦とヨーロッパ意識

　IOC いやオリンピック存続第 1 の危機は形成期の第 5 回大会後に生まれた。1914 年に勃発した第 1 次世界大戦である。1918 年に終息するが、1916 年に予定されていた第 6 回ベルリン大会は史上初めて中止された。IOC は 1915 年、本部を置いていたパリを離れ、戦禍を避けて中立国スイスのローザンヌに移る。翌年、クーベルタンは信頼する友人のゴドフロワ・ド・ブロネを会長代理に指名し、志願してフランス軍に従軍している。1863 年生まれ、50 歳を超えて理念に反する行動を起こした背景は陸軍士官学校で学んだ貴族としての誇りであったか、反戦的と指弾された著書が発禁扱いとなった反動か、はたまた「平和への希求」という理念が断たれた落胆があったのか、戦争終焉まで従軍生活は続いた。

　ありていに言えば、オリンピックはヨーロッパのものである。古代ギリシャ発祥の産物をフランス人がとりあげ、ギリシャで近代風に改めて創始して以後、ヨーロッパと米国によって育てられた。歴代 IOC 会長は米国人の第 5 代エイベリー・ブランデージを除けば、いまの第 9 代トーマス・バッハに至るまでヨーロッパ出身者（表 1）。IOC 委員の数も常に半数はヨーロッパ出身者によって占められる。揺籃のヨーロッパが戦禍を受けた。危機である。

　クーベルタンは 1919 年 3 月に会長に復帰するとすぐ IOC 委員を集め、1920 年第 7 回大会のアントワープ開催を決めた。第 1 次大戦と軌を一にするように発症し世界を震撼させたスペイン風邪の被害が比較的小さかったベルギーの首都であり、中立国でありながら真っ先にドイツに侵略された国の中心だったことが理由である。今日「平和と復興の象徴となった大会」と称されるが、ベルギーも国土が荒廃し混乱の最中にあり、必ずしも盛り上がった大会ではなかった。しかし IOC はヨーロッパを取り戻す象徴が欲しかったのである。

　小康状態を取り戻したオリンピックと IOC はドイツのベルリンで 1936 年第 11 回大会を開く。アドルフ・ヒトラーのガルミッシュ・パルテンキルヘン冬季オリンピック開催中のユダヤ人蔑視に対し、当時の IOC 会長アンリ・ド・バイエ＝ラトゥールがベルリン大会の開催権引き揚げまで言及して抑え込んだことはあまり知られていない。そうした平穏を再び戦火が破る。1940 年第 12 回大会開催を予定していた東京は中国への侵出により開催権を返上、代替開催地となったヘルシンキもヨーロッパ戦線拡大で返上し中止に至る。続くロンドン開催が決まって

いた 1944 年第 13 回大会も第 2 次世界大戦のため中止。平和を希求する運動は為すすべなく立ち尽くした。

(3) 第 2 次世界大戦からの復興と東西冷戦

第 2 次大戦は 1945 年に終息したものの長く混乱は続き、世界は疲弊していた。しかも会長バイエ＝ラトゥールが 1942 年に飛行機事故で死去し会長は不在。オリンピック競技大会開催など夢の話であった。しかし 1948 年大会も中止となれば、もはやオリンピックなどこの地上から消え去ってしまうに違いない。窮地を救ったのは再び英国であった。

1945 年 8 月 21 日、のちに第 4 代 IOC 会長となる会長代行のジークフリード・エドストロームらがロンドン開催を決める。ただこの地もまたドイツ軍空襲の傷跡が残り、物不足、住宅も足りていない。食料を配給に頼る市民からは復旧、復興を優先させるべきだと反対の声が巻き起こったのは当然である。

陸上競技 400m ハードルの金メダリストで BOA 会長のデヴィット・バーリーは「こんな時だからこそ、近代スポーツ発祥の英国が先頭にたたねば」と宣言、政府から担当相に任命された陸上 1500m の銀メダリストで後に原水爆禁止運動を主導しノーベル平和賞をうけるフィリップ・ノエル＝ベーカーが軍や大学、公共交通機関、食糧省などを督励し準備を進める。危機意識は各国にも共有され、スウェーデンから施設改修に必要な木材が届き、アルゼンチンは馬術競技に使う馬、アイルランドからはヨットが送られてきた。不足する食糧は豪州やカナダの支援をうける。この大会が「友情のオリンピック」と称される所以である。ただ日本とドイツは第 2 次大戦の要因であるとして参加は許されなかった。

オリンピックムーブメントは再開された。だが、すぐに次の火種がくすぶる。「東西冷戦」である。1922 年建国のソビエト連邦が共産主義国としてオリンピックに初参加したのは 1952 年、ヨシフ・スターリンが病没する前年であった。以来、米国との政治的対立の代理戦争としてメダル争奪戦を繰り広げる。IOC 会長は米国人で 1912 年ストックホルム大会陸上競技に出場した初のオリンピアン会長のブランデージ、続く第 6 代マイケル・モリス・キラニンと変わっていくが、東西対立をめぐる扱いに苦慮し続けた。

この間、中華人民共和国＝中国と中華民国＝台湾「ふたつの中国」問題やアパルトヘイト政策をとっていた南アフリカと他のアフリカ諸国の対立、さらに 1972 年第 20 回ミュンヘン大会でオリンピック史上最大の惨劇となったパレスチ

10. IOC がねらう Game-Changer としてのインド、そしてサウジ

ナ武装組織ブラックセプテンバーによるイスラエル選手団襲撃事件が起きた。ブランデージの強い意志のもとミュンヘン大会は続行されたが、IOC とオリンピックムーブメントは国際政治に翻弄され続けた。

　1980 年は共産圏初のオリンピック競技大会がモスクワで開催された。しかし米国や日本、西ドイツ、韓国など西側諸国の参加はなかった。前年、台湾と共に IOC に加盟した中国もソ連との対立からボイコットし参加 NOC は 80 に留まる。発端は前年 1979 年 12 月に起きたソ連軍によるアフガニスタンへの軍事侵攻である。ソ連の侵攻に強く抗議した米国大統領ジミー・カーターがボイコットを呼びかけ、50 ちかくの NOC が応じた。参加した英国やフランス、豪州なども開会式では国旗ではなくオリンピック旗を掲げ、抗議の意を示している。

　続く 1984 年はロサンゼルス開催。当然のようにソ連を中心とした東側がボイコット。表向きの理由は 1983 年の米国によるグレナダ侵攻だったが、明らかな報復である。参加 NOC 数は 140、東ドイツやポーランド、ハンガリー、そして北朝鮮、モンゴルなどは参加しなかった。

　東西冷戦は 1989 年ベルリンの壁崩壊、1991 年のソ連共産党解党とソ連崩壊によって終息を迎える。オリンピックムーブメントはその少し前、1988 年第 24 回ソウル大会で東西両陣営が顔をそろえた " 正常な姿 " に戻った。相次ぐ民主化運動による共産体制の破棄が背景にあるが、初めて民間活力を導入したロサンゼルス大会の成功を機に IOC が導入した「オリンピックの商業化」「オリンピックのビジネス化」が大きく影響している。「政治の季節」から「経済の時代」へ、Ｉ OC は上手に衣替えを果たした。それが東西冷戦末期の姿にほかならない。

表 1　歴代 IOC 会長

①デミトリウス・ビケラス（ギリシャ）　1894-1896
②ピエール・ド・クーベルタン（フランス）　1896-1916　1919-1925
③アンリ・ド・バイエラトゥール（ベルギー）　1925-1942
④ジークフリード・エドストローム（スウェーデン）　1946-1952
⑤エイベリー・ブランデージ（アメリカ）　1952-1972　※陸上競技代表
⑥マイケル・モリス・キラニン（アイルランド）　1972-1980
⑦ファン・アントニオ・サマランチ（スペイン）　1980-2001
⑧ジャック・ロゲ（ベルギー）　2001-2013　※セーリング代表
⑨トーマス・バッハ（ドイツ）　2013-　※フェンシング金メダル

3. Game-Changer としてのロサンゼルス大会と商業化、そして台頭する中国

　1894年創始され、2024年で130周年を迎えたオリンピックムーブメントを明らかに変えたGame-Changerは1984年第23回ロサンゼルス大会である。「ロサンゼルス大会前」と「ロサンゼルス大会後」とを俯瞰すれば一目瞭然、オリンピック競技大会のありようもIOCのあり方も、開催のための資金規模も明確に異なる。

(1) 四面楚歌で招致したロサンゼルス大会

　オリンピック競技大会開催地の決定は、バッハ会長下の近年では早い時期での複数大会同時決定などIOC理事会主導となっているが、長く複数都市が立候補しIOC総会でプレゼンテーションまで続く招致合戦が総会をもりあげた。3都市が立候補した2020大会招致も本命視されたマドリードが最初に落選し、イスタンブールとの一騎打ちを制して東京が選ばれている。新型コロナウイルス感染が蔓延する2020年の7年前、2013年9月のことである。

　この4年に1度（冬季を含めれば2年に1度）の大会開催地を決める"儀式"は毎回、複数都市が招致を競い合い、関係国は盛り上がる。しかし唯一、話題にならなかった年がある。1984年第23回大会招致にほかならない。開催都市は1978年5月、アテネ総会で決まる手筈だった。ところが立候補したのは1都市、ロサンゼルスのみ。しかも自治体であるロサンゼルス市ではなく任意のNPO組織、南カリフォルニア・オリンピック委員会（SCCOG）であった。立候補申請書によればロサンゼルス市は財源を保証せず、一切の責任を負わないとされた。これだけでもIOCを困惑させるには十分だったが、SCCOGは公的資金をつかわない方法をこれから考え、独自に資金を調達し運営していくという。IOC内部に反対論が起き、立候補受付のやり直しを主張する声があったのは言うまでもない。

　1979年3月、IOCが折れて開催地契約が締結される。ほかに立候補の意志を示す国がなく、SCCOGを受け入れなければ両次大戦も潜り抜けてきたオリンピックムーブメントが消滅しかねない可能性があったから。真の危機である。

　なぜオリンピックムーブメントがこうした事態に陥ったのか。

　「4つのM」と呼ばれる1960年代後半から1970年代に続けて起きた、世界の人々

を震撼とさせた事件が影を落とす。

① 1968 年第 19 回メキシコシティー（Mexico City）大会

- 開催 2 カ月前、ソ連がビロード革命として民主化路線を進めるチェコスロバキアに軍事侵攻
- アパルトヘイト政策をとる南アフリカに対しアフリカ諸国がボイコット表明。ソ連など東欧勢が同調し、南アフリカを締め出し
- 米国の公民権運動指導者マーチン・ルーサー・キング・ジュニアおよび運動に理解を示したロバート・ケネディ暗殺により抗議の公民権運動が激化。大会期間中の陸上競技男子 200m に優勝したトミー・スミスと 3 位のジョン・カルロスふたりのアフリカ系米国人選手が表彰式で抗議活動、選手村、選手団から追放処分をうける

② 1972 年第 20 回ミュンヘン（Munich）大会

- 大会 11 日目にパレスチナ過激組織「黒い 9 月」が選手村のイスラエル選手団を襲撃。コーチら 2 人を射殺、9 人を人質にとって立て籠もる。結局、西ドイツ政府が特殊部隊を投入し海外脱出を試みた空港で銃撃戦となり、14 人が死亡する惨事に
- 大会は半旗を掲げて競技続行。警備問題が重要課題に

③ 1976 年第 21 回モントリオール（Montreal）大会

- 再び、アフリカ勢による南アフリカ締め出し
- 中国が台湾参加に抗議しボイコット
- 第 1 次オイルショックが直撃し当初予算 3 億 2000 万㌦が 15 億㌦に膨張。10 億㌦の赤字を計上。モントリオール市は不動産税増税で 2 億㌦、ケベック州はたばこ税増税で 8 億㌦を補填するなど完済まで 30 年を要した

これで 3 つだが、東西冷戦を象徴する 1980 年モスクワ（Moscow）大会を④として加えて「4 つの M」という。いうまでもなく英語表記の頭文字 M の語呂合わせに過ぎず、モスクワ大会は 1984 年大会開催地決定後の開催だが、世界の都市に立候補を回避させる原因となった要因としてそう呼ばれた。印象的である。

（2）成功の裏に民間資本導入という商業化

開催権を得た SCCOG は① 40 歳から 50 歳で、②南カリフォルニア州在住、③起業経験があり、④経済的に自立し、⑤スポーツ経験があって、⑥国際情勢に通じているという条件をコンピュータにいれて全米約 600 人のなかから選んだピー

ター・ユベロスに組織委員会会長を委ねた。ユベロスは当時 42 歳、ロサンゼルス郊外のロングビーチに住み、従業員 1 人から始めた旅行代理店を北米 2 位に育てあげ、サンノゼ州立大時代に 1956 年メルボルン大会水球代表候補になっている。ユベロスは旅行会社を 1400 万^{ドル}で譲渡し、壮大な困難が待ち構えるエンジンもない舟に乗り込むのである。

後年ユベロスにインタビューした際、彼は組織委員会会長を引き受けた理由を「おもしろそうだったから」といい、こう続けた。「借り受けた小さなオフィスに、段ボール 1 箱のファイルと 20 人のボランティア、100^{ドル}で開いた銀行口座。それがすべての始まりだった…」

公的資金が使えないなかでいかに費用を捻出するか。ユベロスがまず考えたのは放送権料の高額契約である。オリンピック競技大会の放送権契約は 1960 年ローマ大会の 120 万^{ドル}に始まり、テレビ革命といわれた 1964 年東京でも 160 万^{ドル}に過ぎない。前回の 1980 年モスクワは米国 NBC が 8500 万^{ドル}（放送権料総額 8800 万^{ドル}）で取得したが、ユベロスは強気に「2 億^{ドル}以下では売らない」と宣言する。米国選手が活躍し星条旗があがり国歌が流れれば米国民はテレビの前で歓声をあげ続けるだろうとの読みであった。そのねらいは的中、米国 3 大ネットワークの 1 つ ABC が 2 億 2500 万^{ドル}で契約（放送権収入総額は 2 億 8690 万^{ドル}）し、7500 万^{ドル}の放送設備費も自己負担する。この放送権料はすべて前払いとされたのは銀行に預金し利子を稼ぐねらいであった。

さらに後に組織委員会マーケティング部長として辣腕を揮うジョエル・ルーベンシュタインと知恵をめぐらせ、たどり着いたのが「オリンピックの価値」、すなわち世界で最も有名なロゴである「5 つの輪」の活用であった。日本では「五輪マーク」として知られるクーベルタン考案の「オリンピックシンボル」をビジネスに使うねらいである。当然、IOC はこれに真っ向から反対した。とりわけ「Mr. アマチュア」とよばれたブランデージの薫陶をうけた事務局長モニク・ベリリューはユベロスのビジネス導入案に猛反発し続けた。

しかしユベロスに躊躇はなく、オリンピックシンボル入りの大会エンブレムやマスコットを 1 業種 1 社に限定した民間企業に独占的に使用する権利を付与する代わりに高額な協賛金という名のスポンサー料引き出しを進めた。契約料は 1 社 400 万^{ドル}を下限とした強気な設定の背景には 1 業種 1 社に限定することで「競争原理が働く」とする読みがあった。また付加価値として大会マスコットはウォルト・ディズニー・プロダクション出身のデザイナー、ロバート・ムーアにデザイ

ンを依頼。国鳥白頭鷲をモチーフに考案した「イーグルサム」は大人気となり、協賛金集めとグッズ収入に大きく貢献している。

　最終的に協賛金は 35 社から 1 億 5720 万㌦を集めた。財政破綻したモントリオール大会は 628 社もの協賛を集めながら協賛金収入はわずか 700 万㌦。米国で開いた 1980 年レークプラシッド冬季大会でも 300 社を超えたものの 1000 万㌦に届いていない。それまでのオリンピック競技大会の広く浅く寄付を募る「祭りの奉加帳」方式の限界である。1 業種 1 社限定方式では、例えばコカ・コーラ社とペプシコーラが競ったノンアルコール飲料分野で勝利したコカ・コーラは 1260 万㌦を拠出、実に 1 社だけでモントリオール大会 628 社分の 1・8 倍にのぼった。

　ユベロスは聖火リレーにも目をつけ、例えば 3m1㌦などの金額で参加を呼びかけ、1090 万㌦を集めてもいる。ただ収益は「病院、教会と競合したくない」と全額 YMCA など慈善団体に寄付。実際は世界的なネットワークを持つ YMCA の発信力に頼り、大会を宣伝するねらいがあったという。

「公的資金なし」から始まった大会は最終的に 2 億 1500 万㌦の黒字を計上。大成功の裏に商業化の導入があったことは前述の通りだが、一方競技会場は既存の施設を活用、オリンピックスタジアムは 1932 年ロサンゼルス大会のメイン会場を活かし、新設は必要なものに限定。しかも新設する場合も企業の協力を仰ぎ支出を削減、選手村は夏季休暇で学生がいなくなる大学の寮を使った。今日、ロサンゼルス大会をオリンピック商業主義の始まりとして否定的にみる向きもあるが、徹底した節約大会であったことを忘れてはならない。

　東側諸国がボイコットしたものの中国など 140 カ国・地域が参加、女性選手の参加比率を 35% から 42% にまで高めてもいる。何より、テレビ放映の広がりや協賛企業の商品購入を通し普通の人たちがオリンピックに関与した大会でもあった。言い換えれば貴族や金持ち層がパトロンとして君臨していたオリンピックを、「観衆・視聴者・消費者という名の大衆」のものとした。ロサンゼルス大会が流れを大きく変える Game-Changer となった理由にほかならない。

(3) IOC の変身を支えたオリンピックビジネス

　そのロサンゼルス大会を凝視していた 2 人の存在があった。ひとりは第 7 代 IOC 会長ファン・アントニオ・サマランチ。スペイン出身の外交官で実業家、1980 年モスクワ総会で会長に選出されると現実を直視した方策を模索し始めた。もう 1 人はスポーツメーカートップのアディダス社 2 代目社長ホルスト・ダスラ

一。1956 年メルボルン大会で 3 本線の自社製シューズを船に満載して持ち込み、参加選手 1 人ひとりに配布。彼らの活躍が映像・写真ニュースを通して世界に発信され、父アドルフ（愛称：アディー、アディダスと命名された由来）がドイツで創業した会社を業界世界トップの企業に育て上げた。企業の成長に商品の広告・宣伝が重要であることを深く知る。2 人は盟友関係にあった。

　IOC は 1983 年、インドのニューデリーで開いた総会でオリンピックシンボルをビジネスに活用する提案を採択した。ダスラーの提案をうけたサマランチが主導した決定である。1 業種 1 社に限定し IOC が権利を有するオリンピックシンボル、大会エンブレムなどを使い全世界で宣伝に活用できる権利を付与する代わり、4 年契約で 1 社あたり下限 4000 万ドルのスポンサー料を支払う「TOP（The Olympic Program ＝その後 The Olympic Partner）」が正式に始まるのは 2 年後の 1985 年である。1988 年ソウルとカルガリー冬季を対象とした「TOP I」は 9 社で総額 9600 万ドルの収入を IOC にもたらした。それぞれ冬と夏の大会を組み合わせて「TOP II」「TOP III」と続き、期を重ねるごとに契約額は増加、IOC の懐を潤してきた。「TOP VIII」は初めて 10 億ドルの壁を突破し、2017 年〜 2021 年と異例の 1 年延長となった 2018 年平昌冬季、東京 2020 の「TOP IX」では東京 2020 組織委員会の公式広告代理店、電通の積極的な活動もあり 14 社が参加、22 億 8000 万ドルもの収入をもたらしている。

　サマランチ率いる IOC は同時に放送権にも競争制を導入、1983 年に初めて 1988 年カルガリー冬季の入札を行った。米国 3 大ネットワークによる入札は 11 時間に及び、最終的にロサンゼルス大会で成功した ABC が 3 億 9000 万ドルで落札したものの、このときは投資効果を得られず、その後のオリンピック放送撤退につながる。一方 IOC はねらい通りの高額契約を得て、入札方式を定着させた。2000 年代には複数大会をパッケージにした一括契約方式を提示し、IOC の高額契約料要求に長く応じてきた NBC が応え、以降、複数大会一括契約が常態化していく。これが IOC の安定収入につながり、現在は 2032 年ブリスベーン大会まで契約を終えた。ちなみに公表された 2018 年平昌冬季と東京 2020 を合わせた放送権料収入 45 億 4000 万ドルであった。

　IOC はこうした高額契約料の代償に収入総額の半分を提供する NBC の意向を最優先することになる。なぜ 7-8 月を大会開催期間と限定するのか、一般の人々の疑問はいうまでもなく米国のスポーツカレンダーの空白を埋めるためである。

　大会の競技日程もテレビ局の意向に合わせるべくテレビ映えする競技を次々と

表2　米国プロスポーツのシーズン

スポーツ	1	2	3	4	5	6	7	8	9	10	11	12
MLB			S							PF		
NFL	P	F							S			
NBA				P	P	PF				S		
NHL				P	P	PF				S		
MLS				S						P	F	

※ S：スタート、P：プレーオフ、F：ファイナル

登場させる。地味でテレビ映りの悪い伝統競技は常に削減対象。時間がかかりすぎる競技はテレビ放映可能な時間にまで短縮を求められ、バレーボールのラリーポイント制や野球のタイブレイク制度が導入された。柔道衣のカラー化は日本の反対にもかかわらず、押し切られた。

　1992年を最後に4年に1度、同一年に開催されていた冬季、夏季のオリンピックは1994年リレハンメル冬季大会開催を機に、2年のずれで開催が動いていく。これによってテレビ局のスポンサー獲得はやりやすくなったとされる。スポンサーも一時的な負担の大きさが軽減され、常に世間の注目を浴びることが可能となる。IOCの思惑通りである。

　2年ごとのオリンピック競技大会はサマランチの拡大路線に乗って規模が肥大化していく一方、開催都市、開催国の負担はさらに増大した。しかし面と向かって反対する国際競技団体（IF）、国内オリンピック委員会（NOC）は極めて少なく、IOCの独断専行は続いているのである。

　一方でIOCは、たとえば2017-2021年期間で総額76億㌦に及ぶ収入の90%を世界のスポーツ振興にあてている。夏と冬の大会組織委員会（OCOG）・加盟NOC・夏と冬の国際競技団体への財政支援および途上国の選手・指導者・競技の成長を支援し、難民選手たちを支援するオリンピック・ソリダリティー事業を推進する。さらに10%のIOC経費分から事務局経費、会長をはじめとする理事会メンバーの年俸、旅費などの活動費に加え、IOC委員の旅費・日当等が支払われるようになった。サマランチ体制以前、IOC委員は会費を納め、ポケットマネーで活動していたことと大きく変わった。

「サマランチ革命」によって得られるようになった財源は力の源泉としてIOCを強固にした。委員の意志やNOC、IFの動向を気にすることもなく、上位の立場から主導していく。恩典を与え、方向性に従わせる。サマランチ体制が21年

間もの長期（表1）に及んだ理由であり、独断専行が続く理由である。

　IOCはこうした体制維持のためにも収入の安定にこだわる。複数大会の放送権契約もそのためであり、テレビ局の意向に沿うよう競技プログラムまで目を光らせる。東京2020大会でマラソン、競歩の東京から札幌への唐突な会場変更を主導したのも理由はテレビのイメージ維持であった。東京の暑さでリタイア等が続出し放映自体に支障がきたす事への配慮にほかならなかった。また「TOP」に参画する企業はⅠの9社からⅩの15社まで安定的に推移している一方、ⅠからⅩまで継続している企業は3社（コカ・コーラ、VISA、パナソニック）しかない。近年は継続する企業が増えているが、経済状況等で入れ替えが繰り返されている。社会情勢に敏感に反応することが求められる。

（4）中国の伸張とGame-Changerへの期待

　TOPの参加企業は国際戦略をもつ多国籍産業がそろう。その意味ではどの国に本社を置くか調べることに意味があるか、わからない。一方でIOCの財源がどの国に支えられているのか理解できる。以下はTOP企業の国別表である。

TOP I 　　　米国6、日本2、オランダ1

TOP II 　　　米国9、日本3

TOP III 　　　米国8、日本1、カナダ1

TOP IV 　　　米国8、日本1、カナダ1、韓国1

TOP V 　　　米国6、日本1、カナダ1、韓国1、スイス1、フランス1

TOP VI 　　　米国6、日本1、カナダ1、韓国1、スイス1、フランス1，中国1

TOP VII 　　　米国6、日本1、韓国1、スイス1、フランス1、台湾1

TOP VIII 　　米国6、日本1、韓国1、スイス1、フランス1

TOP IX 　　　米国6、日本3、韓国1、スイス1、フランス1、中国1、英国1

TOP X 　　　米国4、日本3、英国2、中国2、韓国1、スイス1、フランス1、
　　　　　　　ドイツ1

　TOPが始まって以来、圧倒的に米国企業が推進役を担ってきた。「オリンピックムーブメントの優等生」日本がそれに続く。近年は中国、そしてヨーロッパ諸国が台頭してきている。とはいえGDP世界2位、米国に対抗する一方の旗頭として存在感を持つ中国企業の関わりが案外薄いことにも気づかされる。

　中国は鄧小平の1970年代後半の「改革開放路線」以降、経済成長がめだつようになる。そして1992年の改革開放政策の拡大と経済成長の加速をよびかける

鄧の「南巡講話」によって経済成長は本格化していく。

IOC はすでにこれ以前から中国の動向に気を配り、1990 年アジア競技大会の北京招致を実現した頃にはオリンピック招致の意志を確認、1981 年に IOC 委員となった何振梁を窓口に双方の関係は接近している。しかし 1993 年、立候補した 2000 年大会招致は北京が本命視されながら 3 票差でシドニーに競り負けた。1989 年の天安門事件がまだ生々しく、欧米の IOC 委員の投票行動を阻害したことは明らかだった。中国はこの後、引きこもる。

IOC はそうした中国になにかと気を配る。とりわけサマランチは敗因の分析と対処法を伝え、幾度も再立候補を促している。根底にはソ連崩壊後 1 人勝ち状態の米国への対抗軸としての期待感があった。IOC には東西冷戦を経て、オリンピックが危うい均衡のなかで存続しているとの認識がある。国際社会が注目する中国の経済成長を含め、台頭する彼の国の影響力がいずれムーブメントに活きてくると考えていたとしても不思議ではない。

中国の再立候補は 2001 年に決定される 2008 年大会。準備を整え、他都市の動向も注視しながらモスクワ総会に臨む。1 回目は過半数に届かなかったものの、最下位大阪を落として行われた 2 回目の投票で過半数を獲得。トロント、パリ、イスタンブールを抑えて 2008 年開催都市に選出された。ただ思ったほど票が伸びなかった背景には依然、不可解な国の人権問題への澱のような思いがあったとされる。決定はこの総会限りで会長を退くサマランチの“置き土産”であった。

2008 年大会はサマランチの後を継いだ第 8 代 IOC 会長ジャック・ロゲのもとで開催された。ロゲはベルギーの整形外科医で元セーリングのオリンピアン、「原理主義者」と言われるほどオリンピック本来の姿を取り戻そうともがいた。ドーピング問題では違反者に厳しい対応を求め、青少年の教育を重視し「ユース・オリンピック」を自ら提案、開催に漕ぎつけた。一方「サマランチ改革」で肥大化した競技大会の規模縮小を掲げたものの、恩恵をうけてきた委員たちの賛同を得られず、計画倒れに終わった。また人権問題にも高い関心を持っていたが、こと中国の人権問題には口が重かった。中国の IOC への影響力があったか開会式、胡錦濤国家主席が開会を宣言し、国家副主席 1 年目の習近平も並んだ。

IOC と中国の関係は続くバッハ体制でより進展していく。第 9 代会長に就任した 2013 年、初の外遊先に中国を選び、前年昇任した周近平国家主席にオリンピックオーダー金章を贈っている。2008 年大会運営の功績とする名目だが、あきらかな政治利用である。中国のムーブメント関与をより深め、IOC の安定に寄

与させたいバッハの思いを 2000 年から IOC 委員を務め、理事―副会長として支える于再清が仲介した。緊密になった周主席とバッハ会長の合作とされるのが 2022 年北京冬季大会。世界で初めて北京が夏と冬のオリンピック開催都市となった名誉を背景に周主席は異例の国家主席 3 期目への道を駆けあがった。

2022 年大会はしかし、開幕前から中国のあらゆる人権問題に対し "西側陣営" から批判が噴出した。新疆ウイグル自治区やチベットでの人権侵害に、香港で続いていた民主化運動の弾圧、さらに中国共産党元最高指導部メンバーによる女子テニス選手への性的暴行と人権侵害……すぐに米国をはじめ "西側" が反発、選手団以外の政府高官などを派遣しない「外交ボイコット」を発動している。米議会は TOP X 参加企業に対し北京大会に協力しないよう呼びかけたが、14 億人の中国市場を無視することはできず「経済ボイコット」は不発に終わった。

また "西側" の政治ボイコットに対しロシアが動いた。組織ぐるみのドーピングへの制裁によりロシアオリンピック委員会（ROC）として参加できず、個人資格での参加に留まったことに不満を持つウラジミール・プーチン大統領が開会式に出席。中国側を奮い立たせた。ロシアはこの北京オリンピック終了後、北京パラリンピックが開幕する間のオリンピック休戦期間中の 2 月 24 日、ウクライナに軍事侵攻した。中国が容認するかたちで権威主義国家と民主主義国家との対立が表面化、再び「東西冷戦」到来を思わせる事態に至る。

IOC は中国の人権侵害、言論弾圧をことさら問題視せず、バッハ会長は「選手は組織がつくったルールを遵守しなければならない」と発言。大会組織委員会による「中国の法律や規則に反する言動は処罰対象とする」方針を容認し開催を優先した。IOC は中国との関係は進化させたが、中国の台頭を活用した Game-Change はならなかった。

4. インドは Game Changer 足り得るか？

コロナ禍のなか無観客で開催された東京 2020 大会、2022 北京冬季大会以降、オリンピック離れが進み、独断専行、中国への傾斜が露わになった IOC への不信感は満ちている。「Games Wide Open（広く開かれた大会）」を掲げ、スタジアムからパリの街なかを会場に今夏開幕する 2024 年パリ大会がオリンピックのイメージを変える変換点になるかもしれない。史上初めてスタジアムではなく、選手団が船に分乗してセーヌ川を行進する開会式のもようが世界に発信されると、

あらためてオリンピックの楽しさを知ることになるだろう。

　しかし 2024 年 5 月の時点で、戦争状態が続くロシアとウクライナの行方にめどが立たず、イスラエルとパレスチナのイスラム組織ハマスとの軍事抗争休戦もどうなるかわからない。そこに米中対立、民主主義国と権威主義国の対立が影を落とす。パリ大会は不安定な情勢下の開催となる。うがった見方をすれば「政治の季節」に逆戻りする変換点にもなりかねない。

（1）インドは Game-Changer になることができるか？

　対立構造のなかでクッションの役割を果たす存在は重い。グローバルサウスとは「東西冷戦」に遅れ 1960 年代に浮上した「南北問題」に端を発し、北半球よりも発展が遅れた南半球の途上国を中心とした集合体である。その南の途上国のなかからインドやブラジル、南アフリカなど経済力を身につけた国々が出現し、北の先進国も無視できなくなってきた。というよりも民主主義陣営、権威主義陣営が自陣営への獲りこみに躍起となっている。そうした状況下、グローバルサウスがクッションとなる可能性はけっして低くない。

　日本でグローバスサウスという言葉が流布していったのは 2023 年からである。アジア研究所の湊一樹は『＜グローバルサウスと世界＞第 2 回インド―「グローバルサウスの盟主」の虚像と実像』でそのきっかけについて言及している。1 月、インド政府主催の「グローバルサウスの声サミット」というオンライン会合に G20 メンバー（G7 ＋ EU ＋新興 12 カ国）ではない 124 カ国が参加、冒頭スピーチでモディ首相が「みなさんの優先事項はインドの優先事項」と連帯を訴えたこと。そして岸田文雄首相が施政方針演説で「G7（主要 7 カ国）が結束し、いわゆるグローバルサウスに対する関与を強化して」いく旨を表明したことによると指摘している。その後、新聞・テレビ・雑誌などの報道でインドを中心にグローバルサウスを目にする機会が増え、インドの目覚ましい経済発展は近い将来、米中には届かないものの日本やドイツを抜いて GDP 世界 3 位になるだろうとの国際通貨基金の予測もある。

　インドは独立以来「非同盟主義」を貫き、どの陣営にも属さないかわりにどの陣営とも等距離でつきあう「全方位外交」が外交政策の基本である。ではインドが盟主となって連帯するグローバルサウスの国々が同様かというと、そうではない。大国からの支援を待つ国々も少なくなく対応には温度差がある。経済成長の度合いもインド自体はさらなる成長が予想されるが、グローバルサウス内には「南

南問題」という言葉が生まれるほど格差が著しく、必ずしも一枚岩とはいえない。

　三菱総合研究所（MRI）の田中嵩大はエコノミックレビューにおいて「G77」と称する国連加盟の途上国 135 カ国のうち中国を除いた国々をグローバルサウスと規定したうえで、2050 年にはこれら G77 グループの「名目 GDP の合計が米国や中国を上回る規模にまで急拡大する」と指摘する。同時にこの年には人口でも G77 グループが「全世界の 3 分の 2 を占める」と予測する。もはや存在に注目するというよりも、2050 年以降はグローバルサウスが世界をリードするとなるわけだ。もちろん先頭ランナーはインドである。

　モディ首相の今後のかじ取りが極めて重要になるわけであり、いちはやく IOC がインドおよびモディ首相に接近した理由である。ここでの協力が今後のオリンピックムーブメントを左右すると認識にほかならない。

(2) インドのスポーツは発展途上

　インドがオリンピックで存在感を示せないでいるのは成績が振るわないことも影響している。インドは英国領インド帝国時代の 1900 年、アジアから初めてパリで開催されたオリンピックに参加している。その後、3 大会の不参加を経て 1920 年アントワープで復活、それ以降東京 2020 まで連続出場し西側がボイコットした 1980 年モスクワにも参加している。冬季大会にも 1964 年インスブルックで初出場、幾度かの中断を経ながら今に至る。

　東京 2020 前まで獲得したメダルは金 9・銀 7・銅 12 の 28 個に過ぎない。「水の怪物」といわれた米国の競泳選手マイケル・フェルプスが 1 人で獲得したメダルと同じ数（28 個＝金 23・銀 3・銅 2）なのである。同じ途上国から急速な経済成長を遂げ、いまや米国と勢力を二分する勢いの中国が東京 2020 で獲得したメダルも含めて金 262・銀 199・銅 173、計 634 個を誇ることと比べ、ほぼ同様の人口を有する世界最大の人口大国はスポーツ小国に過ぎないことがわかる。

　さすがにインド政府もこうした状況を憂慮、2014 年には「オリンピック表彰台目標計画」を掲げて陸上競技やレスリングなど重点種目に絞って練習施設や外国人指導者を招聘し、有力選手には月額 5 万ルビーの奨励金を提供した。5 万ルビーは日本円で 8 万円ほど、スポーツに力を入れる国々と比べれば微々たる支援でしかないが、大学卒平均初任給 3 万ルビーの国にとっては大きな資金提供である。モディ首相は 2017 年 12 月アスリート育成プロジェクト「プレー・インディア」構想をうちだし、年間約 10 億ルビーを拠出しアスリート育成とスポーツイ

ンフラの整備を進める方針を示してもいる。

東京 2020 では陸上男子やり投げでニーラジ・チョウプラが 87m58 を投げて金メダルを獲得。インド陸上界では 1900 年パリの男子 200m、200m ハードルで 2 つの銀メダルを獲得したノーマン・プリチャード以来 121 年ぶりのメダリストとなった。その金メダルをはじめ、東京 2020 では銀 2・銅 4 を獲得、計 7 個のメダル獲得は過去最多、2014 年以降の方策の成果だといえよう。オリンピックメダル合計は金 10・銀 9・銅 16 に増えた。しかし中国の足元には遠くおよばない。2036 年大会のインド開催をめざしてどのような方策をとるか、注目したい。

それにしてもインドはなぜ、スポーツが盛んではなかったのか？ 「貧困」と「カースト制」を指摘する向きは少なくない。

高度成長下のインドだが、反比例するように経済格差が広がっている。インドで生み出される 70% の富が 1% の人々によって独占されているといわれ、日々の糧を得ることに汲々とする数多くの貧困層にスポーツに現を抜かす時間などない。スポーツする楽しみ、オリンピックのおもしろさなどは想像の範疇にもはいらない。貧困から這い上がるには勉強しかない、というのがインドの現状である。

カーストとはインドで広く信仰されているヒンズー教に基づき、古くから社会に根付いてきた身分制度である。大きく 2 つ「ヴァルナ」と「ジャーディ」があり、後者は血縁や職業などで結束する集合体をさす。いわゆる身分制度といわれるのがヴァルナで、頂点にある「バラモン」から「クシャトリア」、庶民の「ヴァイシャ」を上位カーストとよび、そこに隷属する「シュードラ」という下位カーストがピラミッドのように層をなす。さらに「ダリット」という非カーストがヴァイシャの下にある。1947 年にインドが英国から独立、1950 年に制定された憲法ではカーストによる差別をなくしダリット層を撤廃することを明文化した。都市部ではかなり薄れているが、地方ではまだ影響があるとされる。異なるカーストの人が同じスポーツを楽しむことを嫌い、とくに一丸となることを拒否する意識が経済発展とともにスポーツ振興を妨げてきたという。

東京 2020 で 41 年ぶりの（銅）メダルを獲得した男子ホッケーは、この国を代表するスポーツだった。1928 年アムステルダム大会でこの国初の金メダルを獲得、以来、第 2 次世界大戦の影響で中止された 2 試合をのぞき 1956 年メルボルンまで 6 連覇、1960 年ローマで宿敵パキスタンに敗れて銀メダルに終わったが 1964 年東京ですぐ金メダルを取り返している。1968 年メキシコシティー、1972 年ミュンヘンでは銅メダル。しかし 1980 年モスクワの金メダルを最後に低迷期

にはいる。東京の表彰台をステップボードに、「ホッケーのインド」として復活していく過程は数多くの国民を熱狂させることだろう。

クリケットの 2028 年ロサンゼルス大会追加競技採用は朗報である。インドだけでも競技人口 1 億 5000 万人。この競技の人気があまりにも突出しているため、若者はほかの競技に目が行かず、インドスポーツ低迷要因のひとつだとの指摘もある。ただ IOC はこの国民スポーツのオリンピック登場でインドスポーツが浮上する絵を描く。

ムンバイ総会実現の立役者で 2016 年から IOC 委員を務めるニタ・アンバーニはリライアンス財団を創設しクリケット、フットボール、陸上競技、バスケットボールなど 7 競技の専門人材育成に取り組み、子供から青年層までのスポーツ教育を推進する。IOC とインドおよびモディ首相を仲介するキーパーソンとして国民の意識をスポーツ、オリンピックに向かせる方策に期待がかかる。

5. 砂漠の国で進むスポーツ未来戦略

砂漠と石油の国で壮大なプロジェクトが進行している。広大なアラビア半島の北西端、ヨルダンとアカバ湾に接する 2 万 6500㎢の土地で進む未来都市「NEOM」の建設である。サウジアラビアの首相でもあるムハンマド・ビン・サルマン皇太子が主唱し政府系投資ファンド「パブリック・インベストメント・ファンド（PIF）」と国外投資家が推定 5000 億㌦もの巨費を投じてスマートシティ、港や国際空港、さらに工業地域、研究センター、観光地を含むいくつかの経済特区、そしてスポーツおよびエンターテインメントゾーンなどを造成する。サウジアラビアの成長戦略「Vision2030」の中核プロジェクトとして 2017 年に構想が発表された。

たとえば「OXAGON」と命名された世界の貿易船の約 13% が通過するスエズ運河のすぐ南、紅海に突き出すように造られる世界最大の浮体構造物である。いずれ起業家を中心に 9 万人の住民を収容し、クリーンエネルギーを使用し 7 万件の仕事を創出することを目的とする。また「THE LINE」という地域は海抜 500m の高さに幅 200m、長さ 170㎞で直線状に建設されるスマートシティ。徒歩圏内で生活が可能で脱炭素高速大量輸送システムによって都市内を移動できる。最大 900 万人がひとつの構造物に住む構想だ。そして NEOM 内に遺伝子組み換え作物を中心に栽培する 6500ha の農地も設けられる。

「NEO」は古代ギリシャ語で「新しい」を意味する接頭辞 NEO に、「M」はアラ

ビア語の「未来」を意味する MUSTAQBAL の1文字目に由来。石油依存型経済から脱却し、持続可能な新しいモデルを創出する計画である。

(1) なぜ、砂漠の国で冬のスポーツ？

「NEON」計画のひとつに「TROJENA」と命名されたプロジェクトがある。アカバ湾から約50㌔、標高1500〜2600mというサウジアラビア最高地一帯の約60㎢に開発される山岳リゾートである。その中核施設がドイツの建築事務所が設計を担当した巨大な人工スキー場で山肌に沿うように高低差のあるさまざまなコースが交錯し、それを支える構造物にホテルや商業施設、住居などを組み込むようになっている。年間を通し10度以下で冬は氷点下、雪は降るもののスキーができる積雪には至らない。スキー場は人工雪。もちろん中東初の屋外スキー場であり、各種エンターテインメントの場として提供される予定だ。

　この巨大人工スキー場にスポットライトがあたったのは2022年10月だった。アジアオリンピック評議会（OCA）が2029年に予定されるアジア冬季競技大会の開催地にサウジアラビアのトロヘナ（TROJEHA）を選んだのである。

(2) ほんとうに砂漠で冬のオリンピックができるのか？

　アジア冬季大会は夏のアジア大会に35年遅れて1986年に第1回を札幌で開催した。アジアにおける冬季競技振興を掲げて日本が提案している。以降、2017年まで8回、日本が4回、中国で2回、あとは韓国とカザフスタンで開催してきた。2017年札幌の後、開催地が決まらず、ようやく2025年に中国ハルビンで第9回を開催する。西への拡大という意味ではトロヘナ開催は重要な節目となる。しかしトロヘナの巨大スキー場はこの年3月に構想が発表されたばかりで、完成は2026年。スキーは本当にできるのか、という疑問は誰もが思い至る。

　2022年2月開催の北京冬季オリンピックのスキーなど雪の競技は北京から約200km離れた張家口で行われた。極寒の地ではあるが降雪は少ない。活躍したのは人工雪で、すべての雪競技は人工雪の会場で開催された。立候補したサウジアラビアとOCAはそこに活路を見出した。歴代クウェート王家が会長の座を牛耳り、中東の影響力が大きいOCAが疑問を抑え込み、中東初の国際冬季スポーツ大会が決まった理由にほかならない。

(3) スポーツ界で存在感を高めようとするサウジアラビア

　いまサッカーのトップ選手をみたいならヨーロッパのリーグではなく、サウジアラビアのプロフッショナルリーグの試合にチャンネルを合わせよと声があがる。2022 年 12 月 FIFA（国際サッカー連盟）ワールドカップカタール大会終了後、クリスティアーノ・ロナウドがマンチェスター・ユナイテッドからサウジのアル・ナマルに約 2 億㌦の年俸で移籍したのがきっかけ。翌 2023 年にはカリム・ベンゼマが永年プレーしたレアル・マドリードからアル・イテハドに 3 年 3・3 億㌦で移り、ネイマールが大型契約したパリ・サンジェルマンからアル・ヒラルに移籍、さらに騒ぎが大きくなった。チェルシーからアル・イテハドに移籍のエンゴロ・カンテや同じくアル・ナマルに移ったカリドゥ・クリバリなど、サッカー選手の高額年俸ベスト 10 のうち、リオネル・メッシ（マイアミ）とキリアン・エンバペ（パリ・サンジェルマン）を除いた 8 人はサウジのプロリーグ所属だ。まさに石油マネーがサッカー界に価格破壊を起こし、有名選手をかき集めている。

　ここで登場するのがまたも政府系投資ファンド PIF である。ロイター通信によると 2022 年の運用資産は 2 兆 2300 億リアル（約 5944 億㌦）。日本円に換算すれば 90 兆円ちかい資金を活用しているわけで「NEOM」プロジェクトもそのひとつ、さらに政府方針としてスポーツへの巨額投資が進む。

　サッカーでは FIFA クラブワールドカップ 2023 を開催し、2034 年 FIFA ワールドカップ開催に立候補、対抗だった豪州が立候補を取り下げたことから唯一の開催都市候補となった。中東ではカタールに先を超されたものの、2022 カタール大会をうわまわる規模の大会が予測される。

　また PGA ツアーとの対立が話題を集めたゴルフの LIV ツアーは破格の賞金で選手を集めた。パリからアフリカのダカールをめざすパリ・ダカール・ラリーとして始まった自動車の耐久レースは南米開催を経て、2020 年からサウジアラビア 1 国開催となった。F1 のサウジアラビア GP レースは 2021 年から始まり、現在はジッダの市街地コースで開催されているが、2027 年から首都リヤドで建設中のスポーツ・エンタテインメント拠点「ギディア」に常設するコースで開催される。このギディアには日本のアニメ「ドラゴンボール」のテーマパークが開設される。さらにリヤドに 5 億㌦を投じて「Esports 都市」を創り、2024 年から「Esports World Cup」を開催するほか各種 Esports の国際大会を招聘していく計画。IOC がようやく Esports に関するシリーズを主催、オリンピック競技種目導入をめざした検討をはじめたが、サウジアラビアは一歩先んじている。

　これらはいずれも PIF の「Vision2030」の一環である。単純にイメージアップを、というわけではない。明確にスポーツを観光などともからめて石油に代わる産業として位置づけるとともに、2029 年冬季アジア大会を成功させて 2034 年冬季オリンピックの有力候補に名乗りを挙げ、夏・冬通して中東では初めてとなるオリンピック招致を視野にいれる。

（4）スポーツウォッシング

　国際スポーツ界で存在感を増すサウジアラビアだが、みる目は厳しい。長く国際社会から指摘されてきた人権問題が依然、この国の情勢に影を落とす。宗教的な差別や少数民族へ差別、表現・結社・集会の自由を主張する活動家への弾圧に根強く残る女性差別、さらに残忍で非人道的な刑罰と拘束された人々への虐待や拷問、諸施設建設に従事する外国人労働者への差別と人権無視など、国際人権NGO アムネスティー・インターナショナルのホームページをのぞくとさまざまなこの国の人権問題が浮かび上がる。加えて 2018 年にトルコのサウジアラビア総領事館で起きたサウジ人記者の殺害人権ではムハンマド皇太子の関与が指摘されており、責任を追及する声は依然、止んでいない。

「Vision2030」とりわけスポーツへの投資、スポーツ大会の招致はスポーツのイメージを利用しようとする「スポーツウォッシング」にあたると非難する声がある。1936 年ベルリンオリンピックについて前述したが、ヒトラー率いるナチスはベルリン大会閉会後、ユダヤ人への弾圧を強め、ホローコーストそして第 2 次世界大戦へとシフトしていった。スポーツを隠れ蓑とするやり口は旧ソ連時代からロシアの常套手段ともなっており、国際社会はサウジアラビアに限らずスポーツウォッシングに目を光らせる必要に迫られている。

　IOC は長くサウジアラビアの女性差別の問題に警告を発し、監視下に置いてきた。2012 年ロンドン大会で初めて柔道と陸上競技に 2 人の女性選手が出場し大きな話題となったのは 1972 年ミュンヘン大会に初参加以来、初の女子選手の参加が許されたためである。

「Vision2030」では女性の活躍が目標の一つとして掲げられ、2018 年に女性もスタジアムに入場できるようになり、2015 年に 8% だったスポーツ実施率が 19 年に 19% に伸びた。2030 年には 40% にする目標だ。現在 25 の競技連盟が女子代表チームを持ち、30 の連盟に女性理事が 1 名以上参画、地域競技団体の 67% に女性メンバーが在籍している。

女性の社会進出では、2018年に女性に敷いてきた全身を覆うロングドレス風衣装「アバーヤ」の着用が自由化され、自動車運転も解禁された。2019年には男性親族の許可がなくともパスポートに取得ができるようになり、女性の就労機会を増やす方策もとられた。この年、リーマ・ビント・バンダル王女が駐米大使に就任、2022年には同国人権委員会で女性初の委員長としてアル・ツワイジリが任命された。同国には画期的なことといっていい。

　IOCにとって女性差別が改善されつつあるサウジアラビアは今後のムーブメント展開に有力な駒を手に入れることになる。「Vision2030」の行方を期待も込めて見守りたい。しかしサウジアラビアの変化は、欧米の批判を弱める効果をねらったものに過ぎないとの見方も根強い。クリーンエネルギーを活用するとともに脱炭素社会の実現をめざす「NEOM」も建設にかかるエネルギーは石油が基であり、建造物構築予定地に住んでいた少数民族は立ち退きを強いられて新たな人権問題となっている。こうした問題に改善と理解が広がらない限り、サウジアラビアが未来のスポーツのありようを変えるGame-Changerとなる壁は高い。

6. 終わりに〜日本にこそ求められる未来感覚

　世界はダイナミックに動いている。スポーツの世界でも同様である。インドあるいはサウジアラビアの未来を志向した姿はこれからのスポーツあるいはオリンピックムーブメントのありようを変えて行くように映る。

　IOCはこうした動き、世の中の流れに敏感な組織である。敏感に対応してきた組織だといっていい。1894年クーベルタンによる「古代オリンピックの復興」と「近代オリンピックの創始」に始まり、2024年パリ大会まで130年にわたるIOCの変化を長々と書いてきたのは、いかにこの組織が時代に即応し強かに生き延びてきたかを知っていただくためである。IOCはいま次なる時代に向けて対応を検討し、変化を求めて動き始めている。

　一方、日本はどうか。新型コロナウイルス感染がパンデミックとなるなかで開催された2020東京オリンピック・パラリンピックは運営組織の度重なる不手際、問題発言がインターネット上の交流サイトSNS（Social Networking Service）での虚実ないまぜにした批判となって拡散、多くの人々に不信感を抱かせた。大会は選手たちの活躍で一定の評価を得たものの、その後に露呈した贈収賄、談合事件がオリンピックとスポーツのブランドイメージまで歪めてしまった。政治や経済

に揺り動かされて利権構造がむき出しになったスポーツ界。かつて「オリンピックの優等生」とまで称された日本人のオリンピックへの思いは無関心あるいは反発に変化し、スポーツ界は引きこもっているように映る。

2032年10月、IOC ムンバイ総会を前に日本オリンピック委員会（JOC）は札幌市とともに会見、2030年冬季オリンピック招致活動を休止し2034年に活動主体を移すと発表した。この頃、IOC は2030、2034年冬季大会開催地をムンバイ総会で決定するとの情報があり、実際2030年はフランスの北部アルプス、2034年をソルトレークシティと決まった。ただ札幌の開催能力を高く評価する IOC には腹案があり、JOC と札幌には活動休止を公表しないよう要請していたとされる。しかし JOC と札幌の独善に反発した IOC は2038年冬季大会開催都市選考について「スイスを優先させる」と発表。IOC との関係が希薄になっている JOC および日本の切り捨てとみられても致し方なかった。

日本のスポーツ界は受難の時を迎えている。体質を変えていかなければならない。幸い大リーグのロサンゼルス・ドジャース大谷翔平選手の言動が社会現象化し、サッカーやバスケットボール、卓球などの国際的な活躍は人々を魅了、スポーツへの関心が薄れてしまったわけではない。来年以降も世界陸上競技選手権（2024年）、聴覚障害者の国際総合競技大会デフリンピック2024年）、第20回アジア競技大会・第5回アジアパラ競技大会(2026年)と国際競技大会の開催も続く。

たとえば北海道日本ハムが2023年シーズン新たな本拠地として札幌市から移転、北広島市に造成した新スタジアム「エスコンフィールド北海道」は「野球だけじゃない」をコンセプトにさまざまな仕掛けを用意、観客動員数は2022年シーズンの129万1495人から188万2573人に伸ばし、営業利益はコロナ禍前の9億5000万円からなんと36億円までに増えた。いずれも前本拠地の札幌ドーム時代との比較である。またエスコン F を中核とする「北海道ボールパーク F ヴィレッジ」は2028年に北海道医療大学および大学病院の移転が決定、これからの街づくりのモデルとなっている。札幌ドーム時代、第3セクターの親会社に手足を抑え込まれ、そこから呪縛を打ち破る行動が奏効した。

少なくとも変化とは目に見え、結果としてわかるものでなくてはならない。2010年代における変化は2011年スポーツ基本法（スポーツ振興法の改正）、2012年スポーツ基本計画の制定、2013年の東京2020大会招致、2015年スポーツ庁創設という環境整備があり、国際競争力を高めることで今日を迎えた。東京2020大会まではそれでもよかった。しかし日本スポーツ界はいま未来にむけて

何ができるのか、理念だけではない具体的な絵を描き、国民に提示することが求められている。予定調和路線に陥ったスポーツ庁では何も動かないなら、象徴的にこの組織を改革、廃止することから見えてくる世界もあるに違いない。

【参考資料】
書籍
日本オリンピック委員会(1994)『近代オリンピック 100 年の歩み』,ベースボールマガジン社.
デイビッド・ゴールドブラッド著,志村昌子・二木夢子訳 (2018)『オリンピック全史』,原書房.
ジュールズ・ボイコフ著,中島由華訳 (2018)『オリンピック秘史　120 年の覇権と利権』,
　　早川書房

新聞
産経新聞、朝日新聞、読売新聞、日本経済新聞、毎日新聞、東京新聞
日経テレコンニュースサイト（https://t21.nikkei.co.jp/g3/CMN0F12.do）
共同通信 47 ニュース（https://www.47news.jp/）
ロイターニュース（https://jp.reuters.com/）

インターネット
国際オリンピック委員会ホームページ（https://olympics.com/ioc）
日本オリンピック委員会ホームページ（https://www.joc.or.jp/）
笹川スポーツ財団ホームページ（https://www.ssf.or.jp/index.html）
外務省ホームページ（https://www.mofa.go.jp/mofaj/）
日本貿易振興機構ホームページ（https://www.jetro.go.jp/）
アジア経済研究所ホームページ（https://www.ide.go.jp/Japanese.html）
三菱総合研究所ホームページ（https://www.mri.co.jp/）
「NEOM」ホームページ（https://www.neom.com/ja-jp/about）
アムネスティー・インターナショナル ホームページ（https://www.amnesty.or.jp/）
北海道日本ハムファイターズ ホームページ（https://www.fighters.co.jp/）
北海道ボールパーク ホームページ（https://www.hkdballpark.com/）

インタビュー
ピーター・ユベロス（1984 年ロサンゼルス大会組織委員会会長）
猪谷千春（現・IOC 名誉委員、元 IOC 副会長・理事・委員）

執筆者プロフィール

町田　光

早稲田大学スポーツ科学部非常勤講師。（公財）日本フラッグフットボール協会専務理事。1981 年早稲田大学文学部卒業　就職情報／メディア関連企業を経て、1996 年、米国 NFL の日本代理オフィス、NFL JAPAN LINK を開設、代表に就任。2001 年 NFL 出資により（株）NFL JAPAN 設立、代表取締役社長就任。2013 年、NFL から離れフリーに。以後、スポーツ経営、特にブランディングやマーケティング、PR、Fan Development の領域における事業開発・改革のパートナーとして、J リーグ、名古屋グランパス、日本ゲートボール連合などに関わる。他に、立命館大学経営学部・客員教授及び、スポーツ健康科学部講師（2004 ～ 2013 年）。

藤島　大

スポーツライター。1961 年、東京生まれ。都立国立高校、早稲田大学で計 12 年間コーチを務めた。スポーツニッポン新聞社を経て 92 年に独立。第 1 回からラグビーのW杯をすべて取材。著書に『知と熱』、『熱狂のアルカディア』（文藝春秋）、『スポーツ発熱地図』（ポプラ社）、『人類のためだ。』（鉄筆）、『北風　小説早稲田大学ラグビー部』（集英社文庫）、『事実を集めて「嘘」を書く』（X-Knowledge）など。日本経済新聞夕刊の書評担当。ラジオ NIKKEI の『藤島大の楕円球にみる夢』に出演中。J sports のラグビー解説者。

中澤　篤史

1979 年大阪生まれ。東京大学教育学部卒業。東京大学大学院教育学研究科修了。博士（教育学、東京大学）。一橋大学大学院社会学研究科講師・准教授を経て、早稲田大学スポーツ科学学術院准教授から現在、同教授。専門はスポーツ社会学・身体教育学・社会福祉学。著書に『運動部活動の戦後と現在　なぜスポーツは学校教育に結び付けられるのか』（青弓社）、『そろそろ、部活のこれからを話しませんか　未来のための部活講義』（大月書店）。編著に『現代スポーツ評論 48 〈部活〉の地域移行を考える』（創文企画）。

石井　昌幸

早稲田大学スポーツ科学学術院教授。早稲田大学競技スポーツセンター所長。大学時代は早稲田大学ア式蹴球（サッカー）部に所属。2014 年〜 18 年、早稲田大学競技スポーツセンター副所長を経て 2018 年から所長。専攻はスポーツ史。特に英米におけるスポーツの近代化過程を研究。最近の研究：共編著書『スポーツの世界史』一色出版（2018）、共訳書『スポーツ人類学：グローバリゼーションと身体』、共和国（2020）、共訳書『日本の体罰：学校とスポーツの人類学』共和国（2021）、論文「スポーツ史の通史について」、『スポーツ文化研究』（2023）など。

井上　俊也

大妻女子大学キャリア教育センター教授。慶應義塾大学経済学部を卒業、日本電信電話公社（現・日本電信電話株式会社）入社、仏国 HEC 経営大学院卒業。NTT グループで 26 年勤務、2010 年から現職。正課外のキャリア教育プログラムの大妻マネジメントアカデミーを企画・運営。マーケティング、スポーツビジネス、情報通信産業論、人事管理論などを担当。Tokyo Techies 株式会社監査役、WUSIC（女子大学生 ICT 駆動ソーシャルイノベーションコンソーシアム）代表。

武智　幸徳

日本経済新聞社総合解説センター編集委員。1961 年生まれ。早大卒業後、84 年に日本経済新聞社に入社。2007 年から 2 年間の運動部長時代を除き、スポーツ記事を書き続けてきた。アマチュアスポーツ以外に大相撲やボクシング、プロ野球なども担当。専門分野はサッカーで、W 杯は 90 年イタリア大会から 9 大会連続で現地に足を運んだ。著書に「サッカーという至福」（日本経済新聞社）、「ピッチのそら耳」（ベースボール・マガジン社）、共著に「サッカー日本代表　W 杯で勝つための監督論」（ベースボール・マガジン社）などがある。ラジオ NIKKEI 第 1 の「ピッチの空耳」でパーソナリティーを務める。

西崎　信男

早稲田大学スポーツビジネス研究所招聘研究員。東京都出身。慶應義塾大学経済学部卒。博士（経営学）（長崎大学）、MBA（テンプル大学）、中小企業診断士。住友

信託銀行（現三井住友信託銀行）、大和証券 SMBC 等を経て東海大学、上武大学、九州産業大学、東京国際大学等で教鞭をとる。在英 9 年（ロンドン大学 LSE 大学院留学、証券現地法人勤務）、投資銀行業務、国際金融業務長い。専門はスポーツファイナンス、スポーツマネジメント。近著に『スポーツファイナンス入門―プロ野球とプロサッカーの経営学』（税務経理協会）等がある。

武藤　泰明

早稲田大学教授。（公財）笹川スポーツ財団理事・スポーツ政策研究所長。本研究会代表世話人。

小林　至

桜美林大学健康福祉学群教授、大学スポーツ協会（UNIVAS）理事。博士（スポーツ科学）、MBA。1968 年生まれ。神奈川県出身。1991 年、千葉ロッテマリーンズにドラフト 8 位指名で入団（史上 3 人目の東大卒プロ野球選手）。1994 年から 7 年間米国在住、コロンビア大学で MBA 取得。2002 ～ 2020 年、江戸川大学（助教授→教授）。2005 ～ 2014 年、福岡ソフトバンクホークス取締役を兼任。立命館大学、サイバー大学で客員教授。近著『野球の経済学』（新星出版）など著書、論文多数。

佐野　慎輔

尚美学園大学スポーツマネジメント学部教授、産経新聞社客員論説委員。1954 年月富山県出身。早稲田大学卒。報知新聞社を経て産経新聞社入社。編集局次長兼運動部長、取締役サンケイスポーツ代表等を歴任し 2019 年退社。2020 年から現職。傍ら笹川スポーツ財団理事、早稲田大学非常勤講師、日本アンチドーピング機構評議員等を務める。近著に『地域スポーツ政策を考える』『西武ライオンズ創世記』（いずれもベースボール・マガジン社）、『2020 ＋ 1 東京大会を考える』（メディア・パル）など。

スポーツとスポーツ政策

―スポーツの変容はスポーツ政策に何を求めるのか―

2024年9月15日　第1刷発行

編　者　　早稲田大学スポーツナレッジ研究会
発行者　　鴨門裕明
発行所　　㈲創文企画
　　　　　〒101－0061 東京都千代田区神田三崎町3－10－16 田島ビル2F
　　　　　TEL：03－6261－2855　FAX：03－6261－2856
　　　　　http://www.soubun-kikaku.co.jp
装　丁　　オセロ
印　刷　　壮光舎印刷㈱